KB073236

릭상부르의 여인들 2

# Luxembourg

# 뤽상부르의 여인들 2

ⓒ 전향아, 김대웅, 2018

초판 1쇄 발행 2018년 5월 25일

지은이     전향아, 김대웅
펴낸이     이기봉
편집       좋은땅 편집팀
펴낸곳     도서출판 좋은땅
주소       경기도 고양시 덕양구 통일로 140 B동 442호(동산동, 삼송테크노밸리)
전화       02)374-8616~7
팩스       02)374-8614
이메일     so20s@naver.com
홈페이지   www.g-world.co.kr

ISBN   979-11-6222-421-2 (03920)

· 가격은 뒤표지에 있습니다.
· 이 책은 저작권법에 의하여 보호를 받는 저작물이므로 무단 전재와 복제를 금합니다.
· 파본은 구입하신 서점에서 교환해 드립니다.

이 도서의 국립중앙도서관 출판시 도서목록(CIP)은 서지정보유통지원시스템 홈페이지(http://seoji.nl.go.kr)와 국가
자료공동목록시스템(http://www.nl.go.kr/kolisnet)에서 이용하실 수 있습니다. (CIP제어번호 : CIP2018013993)

# 2

# 뤽상부르의 여인들
# Luxembourg

전향아 · 김대웅 지음

좋은땅

## 머리말

4년여에 걸친 작업 끝에 드디어 『뤽상부르의 여인들』 1, 2권이 완성되었다.

어찌 보면 우연을 가장한 필연으로 햇빛 내리쬐던 한여름의 뤽상부르 공원에서 나의 눈에 들어왔던 이 석상 속의 귀부인들은 천 년의 세월을 뛰어넘어 자신들의 이야기를 들려주려고 나의 방문을 기다려 왔는지 모른다.

한 사람의 남성이 역사에 커다란 족적을 남기기 위해서는 그의 어머니와 누이, 그리고 아내라는 이름의 여인들의 헌신과 조력 없이는 불가능하다.
그래서 그녀들은 자신에게 주어진 환경에서 최선을 다해 어머니와 아내의 역할을 충실히 해냈다.

고귀한 혈통에서 태어났기에 오히려 자신들의 자유의지와 상관없이 정략결혼을 해야 했고, 가문의 명예를 지키기 위해 그녀들은 본능을 억제하고 절제되고 품위 있는 삶을 강요받기도 했지만, 그렇기 때문에 그

녀들의 일생은 역사라는 커다란 수레바퀴에서 오늘도 당당하게 살아 숨
쉬고 있다.

　1권부터 2권까지 18인의 귀부인들의 삶을 이야기하면서 필자는 되도
록 개인적인 의견을 드러내지 않으려 노력했다. 한 사람의 인생 여정을
서술하면서 비판보다는 사랑과 존경으로 그녀들의 삶을 바라보게 되었
기 때문이다.

　이제 그녀들은 더 이상 차가운 흰 석상에 갇혀 있던 오래전의 여인들
이 아니며, 자신들의 삶의 이야기를 들어준 많은 독자들의 가슴에 영원
히 따스한 감동으로 남아 있을 것이라 믿는다.


이천십팔년 일월 이십사일
전향아

CONTENT

# 서문

　파리 메트로 4호선의 오데옹역 주변은 오래된 카페와 맛집들이 빼곡하게 들어서 있어 낭만적 분위기와 미식을 즐기려는 멋쟁이 파리지앵들의 발길이 끊이지 않는 곳이다.

　또한 많은 갤러리들과 미술품과 다양한 골동품 샵들이 즐비해 방문자의 하루가 지루하지 않은 곳이기도 하지만 한때는 프랑스 대혁명시대 급진적 사상의 발원지이기도 하다.

　프랑스 시민혁명시대의 혁명의 주역인 마라, 당통, 로베스삐에르 등이 자주 모여 그들의 급진적 사상을 논의하고 혁명을 계획했던 카페 프로코프(Cafe de Procope)가 근처에 있고, 19세기 많은 문인과 예술가들이 모여 예술과 철학을 논하던 카페 플로르(Cafe de Flore)와 카페 레드 마고(Les Deux Magots)도 근처에 자리 잡고 있다.

또한 이 오데옹 주변 거리는 낭만과 예술의 거리이면서 동시에 파리의 역사적 장소이기도 한데 그 한가운데 자리 잡은, 파리에서 가장 오래된 수도원 생-제르맹-데-프레(Eglise Saint-Germain-des-Prés)를 보면 이 구역의 역사는 더 거슬러 올라간다. 이 교회가 6세기 프랑크 왕국의 왕 클로비스의 셋째 아들 실데베르트에 의해 지어진 생 뱅상 수도원의 부속교회이기 때문이다. 그리고 그 실데베르트의 어머니가 바로 뤽상부르궁 귀부인석상의 한 여인인 왕비 끌로틸드이다.

끌로틸드는 메로빙거 왕조의 시조 실데리크 1세의 며느리이다.

파리 6구 근처에서 그녀의 흔적을 찾는 것은 그리 어렵지 않다.

오데옹역에서 남쪽으로 이어진 골목으로 접어들면 곧 거대한 음악당 오데옹이 눈에 들어오고 그 뒤로 오래된 대학거리 라탱구역(Quatier Latin)이라고 불리는 역사지구가 펼쳐진다. 루이 15세 때 지어진 팡테옹(Panthéon)을 중심으로 북쪽에는 소르본느 대학, 그리고 동쪽에는 생-테티엔-뒤-몽 교회(Église Saint-Étienne-du-Mont)와 앙리 4세 고등학교(Lycée Henri Ⅳ) 등이 자리 잡고 있다.

511년에 사망한 프랑크 왕 클로비스와 545년에 사망한 왕비 클로틸드는 차례로 성녀 주느비에브(Saint Geneviève, 423년경~512)가 건립한 그녀의 수도원에 묻히는데, 그 자리가 현재 앙리 4세 고등학교이며 수도원의 종탑은 학교 안에서 '클로비스의 탑'으로 불리며 현재까지 남아 있다.

그리고 라탱구역 서쪽에는 아름다운 정원의 뤽상부르 궁이 펼쳐져 있다. 현재 이 궁은 프랑스 상원의원 의사당으로 쓰이고 있는데 한때는 유럽에서 가장 부유한 상속녀였던 가스통 도를레앙(Gaston d'Orléans, 1608~1660)의 무남독녀인 안 마리 루이즈 도를레앙(Anne-Marie-Louise d'Orléans, 1627.5.29.~1693.4.5.)이 살았던 궁이기도 하다.

일명 '그랑드 마드무아젤(Grande Mademoiselle)'이라 불리며 너무나 많았던 재산 때문에 행복하지 않았던 그녀는 이제 파리 시민들이 산책하는 멋진 정원에 석상으로 남아 있다. 오후의 여유와 한가로움을 즐기려고 찾는 공원이기도 한 아름다운 궁전. 시원스레 물줄기를 뿜어대는 분수 주위에 줄지어 서 있는 역사 속의 여인들을 차례로 떠올리면서 뤽상부르 궁의 남쪽 정문을 나와 십여 분 정도 광장을 따라 산책하다가 왼편 한 블록 건너의 멀찌감치 떨어진 한 수도원을 바라본다.

한때 루이 14세의 섭정 모후로서 아들에게 절대왕정의 권력을 물려주었던 안 도트리슈의 심장이 안치되어 있는 발-드-그라스(Val-de-Grace) 수녀원. 이곳까지 발걸음을 옮겨 보는 것은 어떨까? 전편에 이어 프랑스 역사에 큰 그림자를 남긴 또 다른 9명 귀부인들의 발자취를 따라가 보자.

궁전 정원을 우아하게 거닐었던 그녀들을 떠올려 보면서….

# 9인의 귀부인들

# 1.

# 루이즈 드 사보아

(Louise de Savoie, 1476.9.11.~1531.9.22.)

"검은 베일 속에 숨겨둔 야망, 아들의 섭정으로 꿈을 이루다"

파리 뤽상부르 공원에 있는 루이즈 드 사보아의 석상. 오귀스트 클레상제 작. 1851년

루이즈 드 사보아의 문장 (좌)
루이즈 드 사보아의 데생화. BnF. département des
estampes. 16세기 (우)

　루이즈 드 사보아는 1476년 9월 11일 오베르뉴 론-알프(Aubergne
Rhône-Alpes) 지방의 퐁당성(Château du Pont-d'Ain)에서 태어났다.

　루이즈 드 사보아는 뤽상부르 궁에 있는 스무 명의 여인들 중에 유일
하게 왕비가 되지 못한 왕의 어머니이다.

　루이즈의 본가인 사보아 공작 가문은 '알프스의 경비병'이라 불리던 프
랑스 동남쪽에 뿌리를 둔 유서 깊은 가문이었다. 이 사보아 가문에서 두
명의 프랑스 왕비가 배출되었다.

　루이즈의 아버지 필립 2세 드 사보아 공작(Philippe Ⅱ de Savoie, 1438~
1497)은 아버지 루이 드 사보아 공작과 어머니 안 드 뤼지냥(Anne de
Lusignan)의 17명의 자녀들 중 넷째로, 사보아 공작령의 수도 샹베리
(Chambéry)에서 태어났다.

아버지 사보아 공작 필립 2세(Philippe II de Savoie) 초상화. 15세기

필립공의 형제들을 살펴보면,

첫째 형 아메데오 9세(Amédé IX de Savoie)는 프랑스 왕 샤를 7세의 장녀 욜랑드 공주와 결혼했다. 또 여동생 샤를로뜨 드 사보아(Charlotte de Savoie)는 프랑스 왕 루이 11세의 왕비가 되었다.

그리고 막내 여동생인 본 드 사보아(Bonne de Savoie)는 망나니로 소문난 밀라노 공작 갈레아초 마리아 스포르차와 결혼했다. 필립공의 남동생들인 피에르와 장-루이 그리고 프랑소와는 차례로 제네바 주교를 역임했다.

다수의 프랑스 왕의 사위와 왕비를 배출한 사보아 공작 가문은 대대로 프랑스 왕가와 매우 우호적인 관계였을 뿐만 아니라 긴밀하게 협력하는 관계였다. 필립공은 부모에게서 물려받은 영지 브레스(Bres)를 빼앗기는 바람에 '떠돌이 공작'이라는 별명으로도 불리었다.

루이즈의 어머니 마르그리뜨 드 부르봉(Marguerite de Bourbon, 1438 ~1483)은 아버지 샤를 1세 드 부르봉(Charles Ⅰ, duc de Bourbon)과 어머니 아녜스 드 부르고뉴(Agnès de Bourgogne)의 11명의 자녀들 중 막내딸로 태어났다.

마르그리뜨의 아버지 샤를 1세 드 부르봉은 루이 9세의 6대손이고 어머니 아녜스 드 부르고뉴는 부르고뉴 공작 용맹공 장 1세(Jean Ⅰ, duc de Bourgogne)의 딸이다.

마르그리뜨 역시 대단히 많은 형제, 자매들이 있는데 마르그리뜨의 언니 이자벨 드 부르봉(Isabelle de Bourbon)은 부르고뉴 공작 용담공 샤를의 두 번째 부인으로 마리 드 부르고뉴의 어머니이다.

그리고 마르그리뜨의 오빠 피에르 드 부르봉(Pierre de Bourbon)은 루이 11세의 딸 안 드 프랑스(Anne de France)와 결혼하였으며 후에 이 부부는 어린 샤를 8세를 대신해 왕국의 섭정을 맡았었다.

이처럼 루이즈 드 사보아 부모의 가계는 어떤 식으로든 프랑스 왕가와 연결되어 있었고 당시 프랑스 왕국에서 중요한 역할을 한 사람들이 많았다.


루이즈 드 사보아의 어머니 마르그리뜨 드 부르봉 공작부인은 당시로서는 매우 늦은 나이인 34살에 동갑인 사보아 공작 필립과 결혼하여 1남 1녀를 낳고 1483년에 45세를 일기로 사망했다.

이때 루이즈는 7살, 남동생 필리베르(Philibert, duc de Savoie, 1480~1504)는 3살이었다. 어머니의 이른 죽음으로 어린 남매는 고아와 다름없는 처지가 되었다.

아버지는 프랑스 왕과 더불어 전쟁터를 전전하고 있었고 또 바로 재혼을 했기 때문에 오갈 데 없는 처지가 된 남매는 당시 왕의 섭정으로 있던 안 드 프랑스에게 맡겨졌다.

안 공주는 루이즈에게 아버지 쪽으로는 고종사촌이고 어머니 쪽으로는 외숙모가 되는 가까운 친족이었기 때문에 어린 남매는 사보아 공국을 떠나 앙부아즈 성으로 옮겨 그곳에서 어린 시절을 보내게 되었다.

어려서부터 의젓했던 루이즈는 하나밖에 없는 남동생을 어머니처럼 보살펴주었다. 또 섭정이었던 외숙모의 국정수행 능력을 보고 자란 루이즈는 이때 배운 외숙모의 냉철함을 본받아 후에 그녀가 아들을 대신해 섭정 모후로 있을 때 그녀를 본보기로 삼았다.

또 안 드 프랑스의 냉정한 성격은 훗날 루이즈 드 사보아의 성격 형성에 많은 영향을 주었을 것이다.

안 드 프랑스는 이제 막 결혼적령기에 접어든 어린 루이즈를 자신의 섭정에 불만을 품고 반란을 시도했던 루이 도를레앙(후에 루이 12세)의 사촌인 샤를 도를레앙(Charles d'Orléans, comte d'Angoulême, 1459~1496)에게 시집보내 그들의 불만을 잠재우려는 계획을 세웠다.

남편 샤를 도를레앙
(Charles d'Orléans)의 상상화

루이즈의 남편감으로 떠오른 앙굴렘 백작 샤를 도를레앙은 8살의 나이에 아버지 장 당굴렘(Jean, comte d'Angoulême)으로부터 앙굴렘과 꼬냑 백작령을 물려받은 지방영주였다.

샤를 도를레앙과 루이즈 드 사보아는 1488년 2월 16일 앙굴렘의 성베드로 대성당(Cathédrale Saint-Pierre d'Angoulême)에서 결혼식을 올렸다. 루이즈의 나이는 12살, 샤를의 나이는 29살이었다.

앙굴렘 대성당(Cathédrale Saint-Pierre d'Angoulême). 1488년, 이 성당에서 루이즈와 샤를의 결혼식이 거행되었다.

결혼할 당시 샤를에게는 이미 앙뜨와네뜨 드 폴리냑(Antoinette de Polignac)이라는 정부가 있었고 두 사람 사이에 딸도 둘이나 있었다.

그러나 루이즈는 어린 나이에도 불구하고 남편의 정부를 인정해주었고 훗날 앙뜨와네뜨는 루이즈의 아들 프랑소와의 유모로 지내며 두 여인은 서로 의지하는 사이로 평생 지냈다.

결혼 4년 만에 루이즈는 첫딸 마르그리뜨를 낳았다. 그리고 2년 후엔 아들 프랑소와를 낳았다. 17살이라는 나이 차이에도 불구하고 부부는 금슬이 아주 좋았으며 남편 샤를은 아내를 존중해주는 교양 있고 사려 깊은 사람이었다.

그러나 샤를이 36살에 일찍 병사하는 바람에 루이즈는 19살에 4살, 2살짜리 어린 아이를 책임져야 하는 과부가 되었다. 루이즈가 7살에 어머니를 여의고 홀로 남동생을 돌봐야 했듯 그녀의 아이들도 자신과 비슷한 처지가 되었음을 보고 그녀는 하늘이 무너지는 절망감을 느꼈다.

루이즈 드 샤보아의 딸 마르그리뜨 당굴렘(Marguerite d'Angoulême)의 초상화. 1530년경. 장 클루에(Jean Clouet) 작

루이즈 드 샤보아의 아들 프랑소와 1세(François 1)의 초상화. 1530년경. 장 클루에 작. 루브르 박물관 소장

그러나 루이즈는 강한 여성이었다.

남편의 장례식을 치른 후 그녀는 자신의 일생의 목표를 자식교육에 두겠다고 다짐하며 집안의 살롱을 도서관으로 바꾸는 작업을 시행했다.

그리고 그녀는 자신의 고해담당 신부인 크리스토포로 누마이(Cristoforo Numai)에게 도움을 청해 아들과 딸을 직접 교육시켰다.

이렇게 하여 세 모자는 일생동안 끈끈하게 서로 의지하고 살았으며 훗날 마르그리뜨는 물론 프랑소와도 어머니 루이즈를 평생 존경하는 효심 깊은 아들로 성장했다.

남편이 살아 있을 당시 앙굴렘 성을 방문했던 이탈리아 출신의 저명한 수도사 프란체스코 드 파올로(Francesco de Paule)가 갓난아기였던 아들을 보고 장차 왕이 될 운명이라고 한 예언을 그녀는 한시도 잊지 않았다.

그래서 루이즈는 아들의 이름도 존경하는 스승인 프란체스코의 프랑스식 이름인 프랑소와라고 지었다. 루이즈는 아들 프랑소와를 왕위에 앉힐 수만 있다면 그녀의 영혼이라도 팔 준비가 되어 있었다. 그녀는 아들이 왕위에 올랐을 때를 대비해 은밀하게 왕의 수업을 받게 하였다.

이미 프랑스 왕의 직계혈통은 샤를 8세 이후 단절되었기 때문에 그 뒤를 이어 방계출신의 첫 번째 국왕인 루이 12세(Louis XII, roi de France)는 루이즈에게는 희망의 등불이었다.

1514년 가을부터 루이 12세의 건강이 급속도로 나빠지기 시작했다. 왕은 수년 전부터 통풍으로 고생하고 있었으며 이 해부터는 부쩍 병석에 눕는 일이 잦아졌다.

죽음을 직감한 왕은 비밀리에 루이즈와 아들 프랑소와를 블로아 성으로 불러들였다. 그해 5월에 루이 12세의 딸 끌로드(Claude de France, 1499~1524) 공주와 프랑소와는 결혼을 했으므로 루이 12세에게 프랑소와는 5촌 조카이자 사위였다.

왕은 사위 프랑소와에게 프랑스 왕의 자리를 물려준다는 유언을 남겼고 딸 끌로드는 왕비가 되었다. 왕의 딸이 여왕이 되지 못

프랑소와 1세의 첫째 부인 끌로드(Claude de France)의 초상화. 이 초상화는 그녀가 사망한 지 30년 후에 완성되었으며 카트린 드 메디치의 기도서에 삽입되어 있다.

하고 왕의 배우자가 되는 것은 여성은 왕위에 오를 수 없다고 명시된 프랑스의 오랜 관습법인 '살리크 법(Loi Salique)' 때문이었다.


루이 12세는 1515년 1월 1일 사망하였고, 앙굴렘 백작 프랑소와는 프랑소와 1세로 1515년 1월 25일 랭스 대성당에서 프랑스 왕으로 즉위하였다.

프랑소와 1세(François I, roi de France, 1494~1547)는 키가 1m 90cm에 달하는 장신으로 당당한 체구를 자랑하는 활기찬 청년 왕이었다.

반면 왕비 끌로드는 어머니 안 드 부르타뉴에게서 물려받은 소아마비로 다리를 절었고 왼쪽 눈이 심하게 돌아가는 사시였다. 그녀가 매우 착

하고 누구에게나 너그러운 성품이었다고는 했지만, 못생긴 외모 때문에 궁에서 전혀 인기가 없는 왕비였다. 이런 왕비를 프랑소와 1세는 무시하기 일쑤였으며 그녀의 말상대도 되어주지 않았다.

누구 덕에 왕이 되었는지 새까맣게 잊은 젊은 왕은 그의 정부들을 궁에 들이고, 아름답다고 소문난 여인들을 찾아다니느라 궁을 비우는 일이 많았다.


루이즈 드 사보아 역시 며느리를 혹독하게 다뤘다. 프랑소와 1세와 끌로드 왕비는 10년의 결혼생활 동안 모두 7명의 자녀를 낳았으며 이중 둘째 아들 앙리가 후에 앙리 2세(Henri Ⅱ, roi de France)로 아버지의 뒤를 이어 왕이 되었다.

아들이 왕이 됨에 따라 어머니 루이즈 드 사보아는 앙굴렘 공작부인과 앙주와 멘느 백작부인의 작위를 받게 되었다.


혈기왕성한 왕은 증조할머니 발렌티나 비스콘티가 프랑스로 시집오면서 가져온 혼수에 밀라노 공국에 대한 상속권이 있음을 주장하며 밀라노로 침공을 감행했다(마리냥 전투(Bataille Marignan), 1515. 9.13~14).

그리하여 프랑스와 밀라노 공국 간에 전쟁이 벌어졌고 루이즈 드 사보아는 전장으로 떠난 아들을 대신해 왕국의 섭정을 보게 되었다.

섭정 모후가 된 루이즈 드 사보아는 궁정에서 늘 상복을 입고 다녔고, 머리에도 검은 베일을 쓰고 다녀 마치 수도원 원장과 같은 모습이었다고 전한다.

마리냥 전투에서 대승한 프랑소와 1세는 금의환향하였다. 그는 이탈리아의 발전된 문화에 깊이 매료되어 본격적으로 프랑스에 이탈리아의 르네상스 시대를 열게 했다.

왕은 이탈리아 르네상스 대가들(벤베누토 첼리니, 라파엘로, 티치아노 등)의 작품들을 사들이고 사치스런 장식품과 방대한 양의 서적 등도 가격에 구애 없이 마구 사들였다.

나아가 그는 작품들을 소장하는 데 만족하지 않고 이탈리아의 예술가들을 직접 프랑스로 불러들였다.

이때 왕의 초청으로 밀라노에서 건너온 레오나르도 다빈치(Léonardo Da Vinci)는 처음에 앙부아즈 성에 머물다 왕의 특별 배려로 근처 클로 뤼쎄(Clos Lucé)에 정착해 많은 발명품들을 개발하기도 했다.

레오나르도 다빈치가 밀라노에서 프랑스 왕의 초청으로 알프스를 넘어올 때 가져온 작품들(모나리자, 세례 요한, 성 안나와 성 모자)이 지금도 루브르 박물관에 소장될 수 있었던 건 모두 프랑소와 1세 덕분인 것이다.

루이즈 드 사보아는 아들의 정치력에는 불만이 없었으나 아들의 바람기는 근심거리였다. 프랑소와 1세는 유부녀였던 샤또브리앙 백작부인 프랑소와즈 드 푸아(Françoise de Foix, 1495~1537)에게 끈질기게 구애해 자신의 공식정부로 삼은 다음 궁에 들여앉혔는데 루이즈는 이 여인을 너무 싫어했다.

그것은 도덕적인 잣대 때문이라기보다는 그녀가 이 푸아 가문을 아주

싫어했기 때문인데 평소 아들에게 간섭을 하지 않던 모후였지만 웬일인지 그녀는 아들이 백작부인의 방을 출입하지 못하도록 밤마다 지켰다고 한다.

　마리냥 전투의 승리로 한껏 고무되어 있던 프랑소와 1세는 1524년 10월 다시 한번 이탈리아 원정길에 올랐다. 약 4만 명의 병력을 이끌고 알프스를 넘은 프랑스 군대는 다음해 2월 파비아 성을 둘러싼 공성전에서 복병을 만났다(Bataille de Pavie, 1525).
　신성로마제국의 황제 카를 5세(Charles Quint, 1500~1558) 군대와 맞서 안 드 몽모랑시(Anne de Montmorency) 원수의 지휘 아래 프랑스군은 용감히 싸웠으나 독일의 용병부대인 '란츠크 네히트'의 빗발치는 화승총 세례에 완전 전멸하고 만 것이다.

퐁텐블로 성의 프랑소와 1세 갤러리

엎친 데 덮친 격으로 2월 23일에는 프랑소와 1세마저 부상을 입고 적군에 사로잡히게 된다. 프랑스군은 뿔뿔이 흩어졌으며 이 전투에서 사망한 병사는 무려 14,000명에 이른다.

아들의 부재로 두 번째로 섭정을 맡고 있던 루이즈 드 사보아는 아들이 마드리드의 감옥에 갇혔다는 소식을 듣고 기절했다.

신성로마제국의 황제 카를 5세는 프랑소와 1세의 석방과 관련하여 다음과 같은 조약을 체결할 것을 요구했다.

첫째, 프랑스는 이탈리아, 플랑드르, 아르투아에 대한 모든 권리를 포기할 것.

둘째, 부르고뉴 공국을 신성로마제국의 영토로 인정할 것.

셋째, 프랑소와 1세의 장남 프랑소와와 차남 앙리를 에스파니아에 볼모로 보낼 것.

넷째, 프랑소와 1세가 1522년에 몰수했던 샤를 3세 드 부르봉 공작의 영지에 프로방스를 덧붙여 돌려줄 것.

그러나 이 조항들은 프랑소와 1세의 입장에서는 도저히 받아들일 수 없는 요구였다. 그래서 왕은 "나는 에스파니아에서 죽을 생각이며 장남 프랑소와에게 양위하겠노라." 선언하고 조약에 서명을 거부하며 감옥에서 버티고 있었다.

발등에 불이 떨어진 건 프랑스 궁정이었다. 열악한 환경에 갇힌 왕이 병이라도 걸려 사망한다면 프랑스의 운명은 이제 겨우 8살인 도팽 프랑소와에게 맡겨지고, 사방이 적인 주변 상황에 프랑스는 풍전등화격이 될 것이 뻔했기 때문이었다.

도팽 프랑소와(Dauphin de France)의 초상화. 아버지를 대신해 동생과 함께 4년간 에스파니아에 볼모로 잡혀 있었다. (좌)

프랑소와 1세의 둘째 아들 앙리(Henri de France)의 초상화. 형과 함께 볼모로 잡혀 있었으며 형의 죽음으로 그는 훗날 프랑스 왕 앙리 2세가 되었다. (우)

이때 섭정 모후는 당시 누구도 생각하지 못한 파격적인 외교 전략을 내놓았다. 그것은 오스만제국의 술탄 쉴레이만(Soliman Ⅰ le Magnifique)에게 제발 합스부르그제국을 침공해 줄 것을 부탁하는 사절단을 보내는 것이다.

프랑스와 오스만제국은 카페왕조 시대부터 서로 동맹조약을 맺은 형제 국가이기 때문에 쉴레이만은 루이즈 드 사보아의 제안을 받아들여 신성로마제국의 카를 5세에게 당장 프랑스 왕을 풀어줄 것과 오스만제국에 조공을 바치지 않는다면 전쟁도 불사하겠다는 선전포고를 했다.

카를 5세는 당연히 이 최후통첩을 거절했다. 그러자 쉴레이만은 실제로 군대를 이끌고 카를 5세의 여동생 마리 도트리슈가 시집간 헝가리를 침공했다.

　프랑스 왕이 전쟁포로로 적국의 감옥에 갇혀 지낸 지도 1년이 다 되어
가고 있었다. 왕은 계속해서 조약에 서명을 거부하는 상황이었고 프랑소
와 1세의 누나 마르그리뜨가 마드리드의 감옥을 방문했을 때 왕은 심신
이 지친 상태로 건강에도 문제가 있어 보였다.


　신하들의 거듭된 간절한 요청으로 1526년 1월 프랑소와 1세는 마지못
해 마드리드 조약에 서명했다. 그리고 3월에는 13개월의 포로생활을 마
치고 귀국길에 오를 수 있었다. 물론 왕의 석방에는 막대한 보석금이 지
불되었고 조약이 모두 이행될 때까지 어린 두 왕자들을 눈물을 머금고
에스파니아에 볼모로 보내야 했다.

　아들의 귀국 소식에 보르도(Bordeaux)로 마중을 나갈 채비를 하던 루이
즈는 아들이 없는 동안 부르타뉴로 쫓아냈던 샤또브리앙 백작부인 대신
자신의 시녀인 17살의 안 드 삐슬루(Anne de Pisseleu, 1508~1580)를 일부러
데리고 나갔다. 루이즈의 의도대로 왕은 안 드 삐슬루에게 빠졌다.


　프랑소와 1세는 애초부터 마드리드 조약을 이행할 생각이 없었다. 그
는 왕국으로 돌아온 후 교황 클레멘스 7세의 협조를 얻어 마드리드 조약
은 강압에 의해 체결된 것이므로 지킬 의무가 없다고 천명했다. 따라서
샤를 3세 드 부르봉(Charles Ⅲ, duc de Bourbon)의 영지는 프랑스에 그대로
병합된 채로 부르봉 가문에게 돌려주지 않았다.

그레-쉬르-로앙(Grez-sur-Loing)은 카페왕조 시대부터 왕족들이 즐겨찾던 왕실 여름 별궁이 있던 마을이었다.

신성로마제국의 영토 확장에 대한 반발로 프랑소와 1세는 교황 클레멘스 7세의 교황청 그리고 베네치아 공화국과 꼬냑동맹을 맺었다.

한편 마드리드 조약을 종잇조각으로 만든 것도 모자라 주변국과 새로운 동맹을 맺은 프랑소와 1세를 용서할 수 없던 카를 5세는 다시 한번 프랑스와 전쟁을 벌였다.

수차례 전쟁터에 나간 아들을 대신해 섭정을 맡았던 루이즈 드 사보아는 아들도 아들이지만 벌써 4년째 에스파니아에 인질로 잡혀 있는 손자들 생각에 하루도 마음 편할 날이 없었다.

완고한 원칙주의자 카를 5세와 고집불통인 아들만 믿다가는 손자들의 귀국은 점점 요원하게 될 것이 뻔했기에 그녀가 생각해낸 묘안은 사보아 가문으로 시집왔던 두 여인을 만나는 것이었다. 그녀는 남자들의 정치적 계산과 자존심 말고 어머니의 심정으로 여인들의 모성애에 호소해 볼 생각이었던 것이다.

이 회담은 말이 회담이지 사보아 가문과 한때 연결되어 있던 여인들의 사적인 만남이라고 해도 과언이 아닌데, 마침내 1529년 프랑스 북부 캉브레(Cambrai)에서 세 여인이 한 자리에 모였다.

우선 세 여인 중에 가장 연장자인 마리 드 룩셈부르크(Marie de Luxembourg, 1462~1546)는 루이즈 드 사보아의 작은아버지 자끄 드 사보아(Jacques de Savoie)와 결혼했다가 미망인이 되었고 그 후 그녀는 부르봉-방돔 공작 프랑소와(François de Bourbon-Vendôme)와 재혼하여 캉브레를 다스리고 있었다.

그리고 두 번째 여인인 마르그리뜨 도트리슈(Marguerite d'Autriche, 1480 ~1530)는 루이즈 드 사보아의 남동생인 사보아 공작 필리베르의 부인이 었다가 그가 사망하자 다시 결혼하지 않고 에스파니아령 저지대를 다스리는 총독으로 재임하고 있었다.

카를 5세의 고모인 마르그리뜨는 일찍 부모를 여읜 황제를 직접 길렀었다. 마르그리뜨는 어렸을 때 프랑스 왕 샤를 8세의 약혼녀 자격으로 프랑스 궁정에서 지내다가 정치적인 이유로 약혼이 파기되면서 다시 부르고뉴로 쫓겨 갔던 일 때문에 평생 프랑스를 증오한 여인이었다.

상복을 입고 있는 마르그리뜨 도트리슈 (Marguerite d'Autriche)의 초상화. 프랑스 북부도시 캉브레(Cambrai)에서 체결된 '귀부인들의 회담'은 루이즈와 마르그리뜨 사이에 맺어진 조약이다. 이 두 여인은 한때 시누이, 올케 사이였다.

어쨌건 가족사는 가족사이고 정치적인 협상을 목적으로 이루어진 회담인 만큼 프랑스 측의 루이즈 드 사보아는 왕의 섭정 모후 자격으로, 그리고 합스부르그 측의 마르그리뜨 도트리슈는 카를 5세의 고모 자격으로 두 여인은 각자의 입장에서 발언을 하였다.

후에 이 회담은 '귀부인들의 협약(La Paix des Dames)'이라는 이름으로 역사에 기록되었다. 1529년 8월 5일 마침내 캉브레 조약(Traité de Cambrai)이 체결되었다.

조약의 골자는 몇 년 전 상처한 프랑소와 1세와 카를 5세의 누이이며 포르투갈 마누엘 1세(Manuel Ⅰ, roi de Portugal)의 미망인인 엘레노어 합스부르그(Eléonore de Habsbourg, 1498~1558)를 결혼시킨다는 것이었다.

또 무엇보다도 마드리드에 있는 왕자들이 2백만 에퀴를 내고 풀려나게 되었다는 것이다. 결과적으로 아들을 대신한 외교협상에서 루이즈는 빛나는 성과를 거두었다. 가용할 수 있는 인맥을 최대한 활용할 줄 아는 그녀의 외교력은 가히 천부적이라 할 수 있다.

이듬해인 1530년은 루이즈 드 사보아에게 신의 은총이 가득한 해였다. 손자들도 돌아왔고 아들 프랑소와 1세도 재혼했고 외동딸 마르그리뜨 당굴렘도 나바르 왕 엔리케 2세와 결혼해 딸을 낳는 등 행복한 말년을 보내는 듯했다.

그레-쉬르-로앙(Grez-sur-Loing) 가는 길. 퐁텐블로에서 국도로 30km 정도 가면 된다.

그러나 1531년 봄부터 페스트가 프랑스 왕국을 다시 덮쳤다. 왕실 가족들이 머물던 퐁텐블로 지역에도 페스트가 창궐하기 시작했다.

루이즈 드 사보아는 딸 마르그리뜨와 함께 페스트를 피해 퐁텐블로 성에서 약 30km 떨어진 그레-쉬르-로앙(Grez-sur-Loing)의 왕실 소유 성에 피신해 있었는데 그곳에서 그녀는 안타깝게 페스트에 전염되고 말았다.

1531년 9월 22일 루이즈 드 사보아는 55세를 일기로 사망했다. 평생 어머니를 존경해서 그녀와 대화를 할 때면 무릎을 꿇고 경청했다는 프랑소와 1세의 슬픔은 이루 말할 수 없었다.

왕의 명령으로 루이즈 드 사보아의 장례식은 왕의 장례식에 버금가게 성대하게 치러졌다. 전통대로 밀랍으로 만들어진 허수아비가 맨 앞에 섰고 그녀의 유해는 머리에 왕관이 씌어지고 손에는 왕홀을 쥐었으며 화려한 왕실 예복을 갖추어 입었다. 그리고 밍크와 금실 띠로 마감된 왕실휘장이 그녀의 관에 덮여 있었다고 한다.

어린 나이에 홀로되었음에도 강인한 정신력을 바탕으로 딸과 아들을 훌륭하게 키워내고 어려움에 빠진 국가를 탁월한 외교력으로 구해낸 루이즈 드 사보아는 진정 자랑스러운 어머니이며 타고난 외교관이었다.

루이즈 드 사보아가 당시 유행하던 페스트를 피해 그레-쉬르-로앙에 위치한 왕실 전용 별장에 피신해 있었으나 안타깝게 그녀는 이곳에서 사망하였다. 루이 6세 시절부터 왕족들이 머물던 성이었으나 지금은 폐허가 되어 현재 남쪽 탑만 남아 있다.

# 샤를 도를레앙과 루이즈 드 사보아의 자녀들

## 1. 프랑소와 1세(François Ⅰ, roi de France, 1494.9.12.~1547.3.31.)

프랑소와 1세는 1494년 9월 12일 꼬냑 성(Château de Cognac)에서 태어났다. 그는 아버지 앙굴렘 백작 샤를 도를레앙과 어머니 루이즈 드 사보아 공작녀의 외아들이며 위로는 누이 마르그리뜨가 있다.

프랑소와 1세는 2살에 아버지를 여의고 어머니와 누이의 보살핌을 받으며 자랐다. 5촌 아저씨뻘인 선왕 루이 12세의 뒤를 이어 1515년 1월 25일 랭스 대성당(Cathédrale de Reims)에서 대관식을 치르고 프랑스 왕으

프랑소와 1세가 태어난 꼬냑(Cognac)의 프랑소와
1세 광장에 서 있는 프랑소와 1세의 기마상

로 즉위하였다.

　그는 루이 12세의 장녀인 끌로드 공주(Claude de France, 1499.10.13. ~1524.7.20.)와 1514년 결혼하였으며 두 사람은 10년간의 결혼생활을 통해 모두 7명의 자녀를 두었다. 그중 둘째 아들인 앙리가 후에 앙리 2세로 그의 뒤를 이어 프랑스 왕으로 즉위하였다.

　프랑소와 1세는 혈기왕성한 20살의 나이에 왕이 되면서 프랑스의 영토확장이라는 원대한 꿈을 갖게 되었고, 곧 그의 증조할머니 발렌티나 비스콘티(Valentine Visconti)의 유산상속권을 주장하며 이탈리아 침공을 감행했다.

　그러나 그는 1525년에 벌어진 파비아 전투(Bataille de Pavie, 1525)에서 합스부르그의 카를 5세(Charles Quint, 1500~1558)의 군대에 사로잡혀 에스파니아의 마드리드에 1년간 포로로 갇히게 되는 수모를 당했다.

　그리고 그의 석방과 관련하여 카를 5세가 제시한 어머어마한 액수의 보석금 때문에 프랑스의 재정이 고갈되는 등 프랑소와 1세가 일으킨 무모한 전쟁은 결과적으로 프랑스 국민들을 고통 속에 몰아넣었다.

　그 와중에 첫째 왕비인 끌로드가 사망하였고 어린 두 왕자들은 아버지를 대신해 에스파니아에 4년간이나 볼모로 잡혀 있는 등 개인적인 불행도 잇달아 일어났다.

　원래 프랑소와 1세의 성향은 바람기가 다분하고 활동적이며 호기심 가득한 명랑한 성격이었다. 그러나 중년시절을 보내며 겪은 많은 실패와

좌절로 인해 그는 한때 죽음에 이를 정도로 심각한 병마와 우울증에 시달리기도 했다.

프랑소와 1세는 합스부르그의 카를 5세와 재차 벌인 전투에서 또다시 패한 후 실의에 빠져 있을 때 그의 어머니 루이즈 드 사보아가 나서서 체결한 캉브레 조약에 따라 카를 5세의 누이 엘레노어 합스부르그(Eléonore de Habsbourg, 1498~1558)와 재혼하였다.

프랑소와 1세의 두 번째 왕비가 된 엘레노어는 포르투갈의 마

프랑소와 1세의 두 번째 부인인 엘레노어 드 포르투갈
(Eléonore de Portugal)

누엘 1세의 왕비였으나 마누엘 1세(Manuel Ⅰ, roi de Portugal, 1469~1521)가 결혼 3년 만에 사망하면서 그녀는 미망인이 되었었다.

프랑소와 1세와 엘레노어 합스부르그는 1530년 8월 7일 피레네 산맥에 인접한 도시인 르 프레슈(Le Frêche)에서 결혼식을 올렸다.

프랑소와 1세는 평생의 원수인 카를 5세의 누이 엘레노어를 왕비로 맞아들인 것에 굴욕감을 느꼈으며 시종일관 반감을 갖고 그녀를 대했다.

엘레노어는 결혼한 지 1년 후에 생드니 사원에서 왕비 대관식을 치렀으나 두 사람 사이에 자녀는 태어나지 않았다.

역대 프랑스 왕들이 대관식을 치렀던 랭스 대성당(Cathédrale de Reims).
1515년 1월, 프랑소와 1세도 이곳에서 대관식을 치르고 프랑스 왕으로 즉위하였다.

프랑소와 1세는 평생 두 명의 왕비를 맞아들였다. 그러나 그는 철저하게 정략결혼 한 그녀들과 행복한 결혼생활을 유지하지 못했다. 그는 왕비 대신 몇 명의 정부들과 더 깊은 유대감을 형성했으며 죽을 때까지 애첩들이 그의 침대를 차지하고 있었다.

첫째 부인인 끌로드 왕비는 그에게서 옮은 매독으로 24살의 젊은 나이에 사망했으며 둘째 부인인 엘레노어는 남편으로부터 철저하게 냉대를 받다가 프랑소와 1세의 사망 이후 다시 에스파니아로 돌아가 그곳에서 사망하였다.

프랑소와 1세의 말년은 병마와 싸우느라 보낸 힘겨운 시간들이었다. 직접적인 사망 원인은 '매독균에 의한 패혈증'이라고 역사가들은 기록하고 있다.

1547년 3월 31일 프랑소와 1세는 랑부예 성(Château de Rambouillet)에서 52세를 일기로 사망했고 그의 유해는 생드니 사원에 매장되어 있던 끌로드 왕비 곁에 안장되었다.

생드니 사원에 조성되어 있는 프랑소와 1세와 왕비 끌로드의 영묘

## 프랑스에 이탈리아의 르네상스를 소개한 프랑소와 1세의 업적

프랑소와 1세는 이탈리아의 밀라노 침공 당시 그곳에서 목격한 이탈리아 르네상스의 예술작품들을 보고 깊은 감명을 받게 된다. 그는 프랑스로 돌아온 후 막대한 자금을 들여 이탈리아의 예술품들을 사들였으며, 그것도 모자라 직접 이탈리아의 예술가들을 프랑스로 초빙하기까지 했다.

퐁텐블로 성(Château de Fontainebleau). 왕실 사냥터인 퐁텐블로 숲의 작은 오두막이었으나 증축을 통해 점점 궁으로 발전하였다. 특히 이 성은 말발굽 모양의 계단이 유명하며 프랑소와 1세 갤러리는 화려하기 그지없다.

그는 퐁텐블로 성(Château de Fontainebleau)이나 블로아 성(Château de Blois)을 증축하고 샹보르 성(Château de Chambord)을 신축하면서 성의 내부 실내장식을 이탈리아 예술가들에게 맡겼다. 그러나 뭐니뭐니해도 프랑소와 1세가 그의 후손들에게 선물한 가장 큰 업적은 르네상스의 대가 레오나르도 다빈치(Léonardo da Vinci, 1452~1519)를 프랑스로 초청한 일일 것이다. 프랑스 왕의 초청을 수락한 레오나르도 다빈치는 밀라노를 떠나올 때 그가 개인적으로 가지고 있던 몇 점의 미완성 그림들을 마차에 싣고 왔으며 그가 사망한 후 이 그림들을 사들인 프랑소와 1세에 의해 현재 다빈치의 작품들이 루브르 박물관에 소장될 수 있게 된 것이다.

루브르 박물관 드농관(Denon) 2층에 나란히 걸려 있는 레오나르도 다빈치(Léonardo da Vinci)의 그림들

현재 루브르 박물관(Musée du Louvre)의 드농관(Denon) 2층에 전시되어 있는 〈모나리자〉를 포함한 〈성 안나와 성 모자〉, 그리고 〈세례 요한〉, 〈암굴의 성모〉 등이 모두 다빈치가 이탈리아에서 가져온 그림들이었다.

루브르 박물관에 전시되어 있는 〈모나리자(La Joconde)〉(좌)

루브르 박물관에 전시되어 있는 〈성 안나와 성 모자〉(우)

프랑스의 앙부아즈 성(Château d'Amboise)에 도착할 당시 레오나르도 다빈치는 이미 64세의 노인이었으며 중풍을 앓고 있었다. 그런 노대가에게 프랑소와 1세는 클로

뤼쎄 성(Clos Lucé)에 거처를 마련해 주고 수시로 그를 만나러 갔다. 두 사람은 많은 나이 차이에도 불구하고 서로에 대한 각별한 애정으로 깊은 우정을 나누었다.

레오나르도 다빈치는 그곳에서 여러 가지 과학실험 등을 하며 마지막 그의 예술혼을 불태우다가 프랑스에 도착한 지 3년만인 1519년 5월 2일에 클로 뤼쎄 성에서 프랑소와 1세의 팔에 안겨 67세를 일기로 숨을 거두었다. 현재 레오나르도 다빈치의 유해는 앙부아즈 성 안의 성 위베르 예배당(Chapelle Saint-Hubert)에 안치되어 있다.

성 위베르 예배당에 잠들어 있는 레오나르도 다빈치의 묘

## 2. 마르그리뜨 당굴렘
(Marguerite d'Angoulême, 1492.4.11.~1549.12.21.)

(루이즈 드 사보아의 장녀인 마르그리뜨 당굴렘은 본권의 8장에서 자세히 다뤄집니다.)

앙부아즈 성 안에 있는 성 위베르 예배당(Chapelle Saint-Hubert)

# 2.

# 안 마리 루이즈 도를레앙

(Anne Marie Louise d'Orléans, 1627.5.29.~1693.4.5.)

"너무 많은 재산이 오히려 행복의 걸림돌이 된 여인"

파리 뤽상부르 공원에 있는 안 마리 루이즈 도를레앙의 석상. 까미유 드메스메이 작. 1848년

안 마리 루이즈 도를레앙은 1627년 5월 29일 파리 루브르 궁에서 태어났다.

파리 루브르 궁(Palais du Louvre). 안 마리 루이즈는 이 궁에서 1627년 태어났다.

안 마리 루이즈가 부모로부터 물려받은 작위는 무려, 몽팡시에 공작부인(Duchesse de Montpensier), 오베르뉴의 상속녀(Dauphine d'Auvergne), 모르탕과 외 백작부인(Comtesse de Mortain et d'Eu), 조앙빌과 돔브의 공주(Princesse de Joinville et Dombes), 샤텔로 공작부인(Duchesse de Châtellerault), 오말 공작부인(Duchesse d'Aumale), 상-파구 공작부인(Duchesse de Saint-Fargeau), 라 로슈-쉬르-용 공주(Princesse de La Roche-sur-Yon), 바-쉬르-

센느 백작부인(Comtesse de Bar-sur-Seine), 브레쓰 자작부인(Vicomtesse de Bresse), 오즈 자작부인(Vicomtesse d'Auge), 돔 프롱 자작부인(Vicomtesse de Domfront), 보졸레 남작부인(Baronne de Beaujolais), 몽테귀-엉-콩브라이유 남작부인(Baronne de Montaigut-en-Combrailles), 로슈-엉-레니에 남작부인 (Baronne de Roche-en-Régnier) 등 엄청나다.

아버지 가스통 도를레앙(Gaston d'Orléans)의 초상화.
샹티이 성 소장

이 막대한 영지는 아버지 가스통 도를레앙에게서 물려받았다기보다는 대부분 어머니에게서 물려받은 것이다. 그녀는 어머니 덕분에 태어나자마자 유럽 최대의 갑부가 되었고 광활한 영지를 물려받을 유일한 상속녀가 되었다.

안 마리 루이즈 도를레앙의 아버지 가스통 도를레앙(Gaston d'Orléans, 1608~1660)은 앙리 4세와 왕비 마리 드 메디치 사이에서 태어난 여섯 명의 자녀들 중 막내아들이었다. 그는 루이 13세의 하나밖에 없는 남동생으로 20년간 프랑스의 왕위계승서열 1위였다.

또 안 마리 루이즈의 어머니 마리 드 부르봉-몽팡시에 여공작(Marie de Bourbon-Montpensier, 1605~1627)은 아버지 앙리 드 몽팡시에(Henri de Montpensier, 1573~1608) 공작과 어머니 앙리에뜨 카트린 드 주아유스 (Henriette-Catherine de Joyeuse, 1585~1656) 공작부인 사이에 무남독녀로 태어났다.

앙리 드 몽팡시에 공작은 앙리 4세의 8촌뻘 되는 동생으로 두 사람의 증조할아버지가 형제지간이었다. 몽팡시에 공작은 아르투아에서 벌어진 프랑스와 에스파니아와의 전쟁에서 혁혁한 공을 세우며 승리를 거두어 앙리 4세의 총애를 한 몸에 받았던 장군이었다. 또한 공작은 프랑스 왕실의 왕위계승서열 5위 안에 드는 높은 지위로 궁정에서 융숭한 대접을 받는 인물이기도 했다.

마리 드 부르봉의 어머니 앙리에뜨 카트린 드 주아유스 공작부인은 매우 독실한 카톨릭 교도로 마리 드 메디치(Marie de Médicis, 1573~1642)의 수석시녀를 지냈으며 왕비의 가장 가까운 친구였다.

어머니 마리 드 부르봉(Marie de Bourbon-Montpensier)의 초상화

부부에게는 딸 마리만이 유일한 자녀였다. 앙리 몽팡시에 공작은 비교적 이른 나이인 34세에 사망했기 때문에 몇 대에 걸쳐 내려오던 몽팡시에 가문의 막대한 재산과 광활한 영지는 3살짜리 마리에게 단독 상속되었다.

마리 드 부르봉 여공작은 두 살 때 앙리 4세의 둘째 아들 니콜라 왕자와 일찌감치 약혼이 되어 있었다. 그러나 왕자가 4살 때 홍역으로 사망하는 바람에 약혼은 무효가 되었다.

세월이 흐른 1626년이 되어서야 마리 드 부르봉 여공작이 한때 프랑스 왕실의 약혼녀였다는 사실을 상기한 루이 13세는 마리를 자신의 동생 가스통과 결혼시키려는 계획을 세웠다.

결혼 적령기를 넘긴 마리의 막대한 재산은 왕실에서도 무시할 수 없는 노다지였다. 만일 여공작이 유럽의 왕자나 프랑스 대귀족의 자제와 결혼한다면 그녀의 재산은 남편의 가문으로 넘어가기 때문에 왕실에서는 왕제의 결혼을 서두를 수밖에 없었다.

가스통 도를레앙은 결혼을 거부했다. 그가 거부한 정확한 이유는 전해지지 않으나 형의 말이라면 일단 반발부터 하는 그의 반항심이었거나, 원수 같았던 리슐리외 재상이 결혼의 당위성에 대해 설명하는 것에 대한 거부감일 수도 있다.

어쨌든 마리의 못생긴 외모가 가스통이 결혼을 거부한 이유에 크게 한몫했으리라는 것은 의심의 여지가 없다.

샹티이 성(Château de Chantilly)의 콩데 미술관에 전시되어 있는 안 마리 루이즈의 아버지 가스통 도를레앙의 전신 초상화

하지만 왕실 전체가 그의 결혼을 찬성하는 분위기에 절망을 느낀 가스통은 자포자기 심정이 되어 당시 궁정에서 은밀하게 벌어지고 있던 음모사건에 가담하여 그의 불만을 표출하게 된다.

**샬레의 음모사건(Conspiration de Chalais)**

루이 13세의 의상 담당 시종장 샬레 백작(Comte de Chalais, Henri de Talleyrand) 앙리 드 탈레랑은 리슐리외 재상과 앙숙인 슈브뢰즈 공작부인(Duchesse de Chevreuse)의 부추김으로 왕제 가스통의 강요된 결혼을 빌미삼아 그동안 리슐리외가 벌인 강압정책(귀족탄압, 귀족들의 과중한 세금부담 등)에 반감을 가지고 있던 귀족들을 규합해 리슐리외를 암살하기 위한 음모 사건이었다.

그러나 이 사건은 리슐리외를 암살하려는 계획뿐 아니라 나아가 루이 13세를 폐위시키고 왕제 가스통 도를레앙을 왕으로 옹립하려는 더 큰 음모가 도사리고 있었다.

그런데 용의주도한 리슐리외는 이미 궁정에 스파이를 심어놓았고 그들의 음모는 사전에 발각되어 가담한 인물들은 모두 체포되었다. 이 음모사건에 연루된 인물들은 모두 왕실 종친들이었고 루이 13세는 이 일로 마음에 큰 상처를 받았다.

주동자 샬레 백작을 처형하는 것을 시작으로 많은 귀족들이 처형되거나 추방되거나 감옥에 갇히게 되었다. 심지어 왕비 안 도트리슈까지 가담한 사실이 밝혀져 그녀 또한 가택 연금을 당하게 되었다.

가스통은 추방되는 대신 형의 계획에 따라 마리 드 부르봉 공작녀와 결혼하는 것으로 그의 죄를 면죄 받았다. 이런 우여곡절 끝에 가스통과 마리는 1626년 8월 16일 낭트에서 결혼식을 올렸다. 도살장에 끌려나온 소처럼 결혼식 내내 우울하고 불쾌한 표정을 짓고 있는 신랑을 바라보는 신부의 심정도 말할 수 없이 불편했을 것이다.

음악이나 화려한 무도회, 피로연도 없이 침묵과 반감과 비통함 속에 결혼식이 진행되었는데 하객으로 참석했던 한 귀족부인은 자기 딸에게 보낸 편지에서 '세상 어디에도 없는 슬픈 결혼식'이었다고 회고했다.

결혼식을 마친 부부는 루브르 궁에서 신혼생활을 시작했다. 그리고 1627년 5월 29일, 마리 드 부르봉은 딸을 출산했다. 그러나 마리 드 부르봉은 딸을 품에 안아보지도 못하고 산후 엿새 만에 22살의 꽃다운 나이에 산욕열로 세상을 떠났다. 그렇게 하여 태어나자마자 어머니를 여읜 딸은 어머니의 막대한 재산을 상속받아 프랑스에서 가장 부유한 상속녀가 되었다.

안 마리 루이즈가 태어날 당시 세 명의 고모들은 모두 외국으로 시집을 간 상황이었고 루브르 궁은 여자아이 하나 없이 남자들만 득실대는 삭막한 곳이었다. 루이 13세는 조카 안 마리 루이즈를 예뻐했고 어머니를 여읜 그녀를 루브르 궁에서 기르도록 했다.

아버지 가스통 도를레앙이 '그랑 무슈(Grand Monsieur)'로 불리었기 때문에 안 마리 루이즈 도를레앙은 '그랑드 마드무아젤(Grande Mademoiselle)'로 불리었다. 루이 13세의 명으로 불리어진 '그랑드 마드무아젤'이란 호칭은 프랑스에서 이전에도, 이후에도 없는 오직 안 마리 루이즈만을 위한 존칭이 되었다.

원치 않은 결혼을 한 것 때문인지 아버지는 딸 안 마리 루이즈를 예뻐하지 않았다. 오히려 그는 딸이 물려받은 막대한 유산을 질투했다고 한다.

궁에서 안 마리 루이즈를 길러준 사람은 할머니 마리 드 메디치였다. 그러나 할머니 마리 드 메디치마저 아들 루이 13세에 대한 반역이 발각되어 벨기에로 추방되었고, 이때 어린 안 마리 루이즈도 할머니를 따라 벨기에로 보내졌다. 그녀는 할머니 그리고 아버지와 함께 그곳에서 10년을 보냈다.

그 기간 동안 아버지 가스통 도를레앙은 로렌의 공작녀 마르그리트와 비밀결혼 한 것이 탄로나 루이 13세로부터 호된 질책을 받고 자숙 중이었다. 로렌공국은 당시 프랑스와 적대관계였고 형에 대한 반발심으로 순전히 연애결혼을 한 가스통은 한 술 더 떠 왕에게 허락도 받지 않고 비밀결혼을 한 것이다.

루이 13세가 사망하기 얼마 전 브뤼셀에서 프랑스로 돌아온 안 마리 루이즈는 곧바로 프랑스 궁정에 소개되었다.

그리고 그녀는 궁정에서 다른 공주들과 차별을 두기 위해 만든 존칭인 '그랑드 마드무아젤'로 불리며 사교계에 화려한 첫발을 내딛었다.

또한 그녀는 어머니를 닮아 못생긴 외모였지만 재산이 많았기 때문에 유럽의 많은 왕자들과 영주들로부터 끊임없는 러브콜을 받았다. 그러나 그때마다 아버지 가스통에 의해 그녀의 결혼협상은 모두 결렬되었다.

큰아버지 루이 13세가 죽고 나서 그랑드 마드무아젤은 아버지와 의붓어머니와 함께 뤽상부르 궁에서 살았다. 의붓어머니인 마르그리뜨 드 로렌(Marguerite de Lorraine, 1615~1672)은 신앙심이 돈독하고 착하고 부드러운 심성의 여인이었지만 그랑드 마드무아젤은 그녀를 싫어했다.

그러나 그녀는 새로 태어난 이복 여동생들에게는 친절했으며 딸뻘인 막내 여동생 프랑소와즈-마들렌(Françoise-Madeleine d'Orléans, 1648~1664)을 특히 예뻐했다.

그녀가 궁정 연회에 자주 모습을 보이자 왕실에서는 11살 연하인 사촌 루이(후에 루이 14세)와 결혼을 시키자는 의견이 많았지만, 섭정 모후 안 도트리슈는 자신의 조카인 에스파니아 공주 마리-테레즈(Marie-Thérèse d'Autriche)를 며느릿감으로 점찍고 있어 결혼을 반대했다.

외국인 섭정 모후와 외국인 추기경에 대한 반감과 불신은 파리 고등 법원과 귀족들 사이에 팽배하게 자리 잡고 있었다. 그러다 드디어 '프롱드의 난(La Fronde)'이 터지고 말았다. 1차 프롱드의 난에서는 왕당파에 속하여 혁혁한 공을 세운 콩데공 루이

안 마리 루이즈가 특별히 딸처럼 사랑했던 이복동생 프랑소와즈-마들렌(Françoise-Madeleine d'Orléans)의 초상화

2세(Louis Ⅱ de Bourbon-Condé, 1621~1686)가 추기경 마자랭이 자신에게 베풀어야 할 은혜를 저버렸다는 이유로 2차 프롱드의 난을 일으켰다.

상티이 성(Château de Chantilly)의 그랑 살롱에 전시되어 있는 콩데 공 루이 2세(Louis Ⅱ de Bourbon-Condé)의 대리석 상

그랑드 마드무아젤은 아버지와 함께 사촌인 콩데공 편에 섰다. 사실 궁정에서 그랑드 마드무아젤에게 경의를 표하던 예절도 섭정 모후가 모두 간략화시킨 뒤로 그녀도 내심 자신에 대한 왕실의 푸대접에 불만이 쌓여가고 있던 중이었기 때문이다.

드디어 콩데공 루이 2세는 에스파니아에서 병력을 지원받아 보르도를 떠나 파리로 진군했다. 한편 왕실 군대를 이끌던 튀렌 장군(Henri de La Tour d'Auvergne, vicomte de Turenne, 1611~1675)은 보르도에서부터 올라오고 있는 콩데공과 에스파니아의 연합군 뒤를 바짝 쫓고 있었다.

1652년 7월에 벌어진 생 앙트완 포부르 전투(Bataille du Faubourg, Saint-Antoine)에서 콩데공의 반란군은 국왕군에게 패배했다. 콩데공의 목숨이 경각에 달린 그때, 그랑드 마드무아

포부르 생 앙투안 전투(Bataille du faubourg Saint-Antoine) 화가 미상. 베르사이유 전쟁기념관 소장. 17세기

젤은 바스티유에 보관되어 있던 대포들을 모두 끄집어내어 성문을 열고 국왕군을 향해 발포 명령을 내렸다. 사촌의 군대를 엄호하여 후퇴할 수 있게 도와준 것이다. 그랑드 마드무아젤은 이 반역사건으로 인해 왕실에서 완전히 신뢰를 잃었다.

2차 '프롱드의 난' 때 왕실군대와 콩데공의 군대가 접전을 벌였던 바스티유 광장. 사진은 현재의 바스티유 오페라 전경

베르사이유 궁(Château de Versaille)의 거울의 방

    루이 14세의 명으로 그녀는 부르고뉴로 추방당했다. 5년간의 추방생활 동안 그녀는 상-파르고(Saint-Fargeau)에 있는 자신의 성에서 회고록을 집필했다. 이 회고록에서 그녀는 자신의 심정을 솔직하게 써 내려갔다. 당시의 다른 회고록들이 사건 중심으로 서술되었다면 그녀는 자신의 감정 상태를 담담히 담아내어, 17세기의 여성이 작성한 회고록 중 유일한 기록으로 남아 오늘날에도 출판되어 널리 읽히는 중요한 사료로 자리 잡았다.

    추방령이 철회되면서 그랑드 마드무아젤은 파리로 돌아왔고 다시 궁정 출입이 허용되었다. 그녀는 화려한 드레스를 입고 값비싼 보석으로 치장하고는 베르사이유 궁에서 매일 밤 벌어지는 연회에 자주 모습을 드러

그랜드 마드무아젤 안 마리 루이즈 도를레앙의 초상
화. 루이-페르디난드 엘(Louis-Ferdinand Elle) 작

안 마리 루이즈와 비밀 결혼한 로쟁 공작 앙토낭-농
파르(Duc de Lauzun, Antonin Nompar)의 초상
화. 영국 왕 제임스 2세에게서 받은 가터 훈장 목걸
이를 하고 있다.

냈다. 마흔 살이 넘도록 처녀였던 그
랑드 마드무아젤은 파티가 없는 날
은 사냥에 몰두하며 시간을 보냈다.

1670년경, 드디어 그랜드 마드무
아젤에게 핑크빛 사랑이 찾아왔다.
그녀의 나이 43세였고 상대는 6살
연하인 가스코뉴(Gascogne) 출신의
하급귀족이었다.

후에 로쟁 공작(Duc de Lauzun)이 된
앙토낭 농파르 백작(Antonin Nompar
de Caumont, ?~1723)은 루이 14세의
근위대장으로 왕이 전폭적으로 신임
하는 인물이었다.

앙토낭 농파르 백작은 가스코뉴 지
방사람 특유의 자유분방한 성격과 잘
생긴 외모로 인해 베르사이유 궁에
서 여러 연애사건을 일으킨 바람둥이
로 이미 소문이 자자했다. 아마도 그
는 그녀의 막대한 재산을 탐내 의도
적으로 접근했을 가능성이 충분하다.

사랑에 빠진 그랑드 마드무아젤이 앙토낭 농파르 백작과 결혼하겠다
고 하자 루이 14세는 처음에는 흔쾌히 결혼을 허락했다.

　그러나 왕비 마리-테레즈가 이 결혼을 심하게 반대했고 왕실 종친들
도 반대에 합세하자 루이 14세는 3일 만에 사촌누나의 결혼허락을 철회
했다. 그 후 베르사이유 궁에서는 그랑드 마드무아젤과 앙토낭 농파르
백작이 비밀리에 결혼했다는 소문이 파다하게 돌았다.

파리에서 남서쪽으로 320km 떨어진 아름다운 중세의 요새 성인 소뮈르 성(Château de Saumur). 이 성의 2층 응접
실에 로칭 공작의 초상화가 남아 있다.

이듬해 봄, 앙토낭 농파르 백작은 생제르맹 저택에서 왕실 근위대에게 체포되었다. 그리고 그는 루이 14세의 명으로 이탈리아로 추방되었다.

이탈리아의 피녜롤(Pignerol)이라는 요새에 갇힌 앙토낭은 그 후 10년 동안 감옥에 갇혀 지냈다.

역사가들은 지금도 앙토낭 백작의 체포 이유를 정확히 알지 못한다. 그가 그랑드 마드무아젤과 비밀결혼을 해서인지, 아니면 그가 그 전에 자신의 험담을 하고 다닌 왕의 정부 몽테스팡 부인을 모욕한 것에 대한 보복 때문이었는지 추측만 할 뿐이다.

사랑하는 연인이 갑작스럽게 체포되어 추방되었다는 소식으로 그랑드 마드무아젤은 깊은 상실감에 빠졌다. 영문도 모른 채 이탈리아로 끌려갔을 그를 생각하면서 그녀는 심한 우울증에 시달렸다.

그녀는 그를 석방시키기 위해 다양한 루트를 알아보았다. 그리고 그 해결방법으로 그녀의 재산이 쓸모 있음을 알게 되었다. 급기야 그랑드 마드무아젤은 외(Eu) 백작령과 돔브(Dombes) 백작령, 그리고 보졸레(Beaujolais) 자작령 등 어마어마한 토지를 루이 14세와 몽테스팡 후작부인의 아들 루이 오귀스트(Louis-Auguste de Bourbon, 1670~1736)에게 넘겨주는 대가로 앙토낭 백작의 석방을 약속받았다.

그랑드 마드무아젤과 앙토낭 백작이 실제로 비밀결혼을 올렸을 가능성은 매우 크다. 그러나 그녀가 행복했으리라는 추측은 가능하지 않다. 왜냐하면 1684년 두 사람이 헤어졌기 때문이다.

안 마리 루이즈는 아버지에게서 물려받은 뤽상부르 궁에서 말년을 보냈고 이곳에서 사망하였다.

그를 위해 자신의 영지까지 아낌없이 넘겨준 그녀에게 돌아온 건, 바람둥이 애인의 이별통보였다. 그렇게 그는 떠나갔고 그녀는 언제나처럼 다시 혼자가 되었다.

앙토낭 백작은 그랑드 마드무아젤이 죽은 2년 후 62세의 나이에 15세의 주느비에브라는 소녀와 결혼해 노익장을 과시했으며 훗날 영국 왕 제임스 2세로부터 가터 훈장(Ordre de la Jarretière)을 수여받기도 했다. 그는 루이 14세의 근위대장으로 재등용되어 로죙 공작 작위를 받고 명예롭게 살다 90세를 일기로 사망했다.

그랑드 마드무아젤은 태어나자마자 어머니로부터 물려받은 엄청난 재산으로 프랑스 최고의 상속녀가 되었고, 아버지의 사망으로 물려받은 재산은 그녀를 유럽 최고의 갑부로 만들었지만 정작 그녀의 인생은 행복하지 않았다.

늦은 나이에 찾아온 사랑도 결국 그녀의 재산만 축내고 끝이 났으며, 그녀의 재산을 질투한 아버지와 사촌의 방해로 결혼계획은 번번이 무산되었었다.

태어나면서 어머니를 여의고 아버지의 사랑도 받아보지 못하고 성장한 그랑드 마드무아젤은 인색하고 차가운 성격의 소유자였다. 그녀는 베르사이유 궁에서도 인기가 별로 없었고 친구도 없었다.


안 마리 루이즈 도를레앙은 1693년 4월 5일 파리의 뤽상부르 궁에서 66세를 일기로 사망했다. 그리고 그녀의 전 재산은 루이 14세의 동생 필립 도를레앙에게 모두 상속되었다.

그녀의 유해는 생드니 사원 왕실묘역에 안장되었고 그녀의 심장은 따로 발-드-그라스 교회(Eglise du Val-de-Grâce)의 생트 안느 예배당(Chapelle Sainte-Anne)으로 보내져 보관되어 왔다.

그러나 1793년 프랑스 대혁명 때 그녀의 심장이 들어 있던 값비싼 보관함이 도굴되어 여러 사람의 손을 거치며 헐값에 팔렸다고 한다.

안 마리 루이즈의 심장이 안치되어
있던 발-드-그라스 교회 입구

# 3.

# 안 도트리슈

## (Anne d'Autriche, 1601.9.22.~1666.1.20.)

"반역을 일삼던 왕비가 아들에게 절대왕정의 나라를 물려주다"

파리 뤽상부르 공원에 있는 안 도트리슈의 석상. 조셉 마리우스 라뮈 작. 1847년

ANNE D'AUTRICHE
REINE DE FRANCE
1601~1666

안 도트리슈는 1601년 9월 22일 에스파니아의 발라돌리드 궁(Château de Valladolid)에서 3남매 중 장녀로 태어났다.

안의 아버지 에스파니아 왕 필립 3세(Philippe Ⅲ d'Espagne, 1578~1621)는 무적함대로 이름을 떨친 필립 2세의 차남으로 그는 이복형인 샤를 도트리슈의 죽음으로 20세의 나이에 에스파니아 왕국을 물려받았다.

필립 3세는 일중독이었던 아버지와는 반대로 예술을 후원하며 사치스러운 궁정생활을 영위하였던 인물로, 그의 시대 이후로 에스파니아는 세계무대에서 급속도로 쇠퇴의 길을 걸었다.

안 도트리슈의 아버지 에스파니아 왕 필립 3세(Philippe Ⅲ, roi d'Espagne) (좌)

안 도트리슈의 어머니 마르그리뜨 도트리슈-스티리 왕비(Marguerite d'Autriche-Styrie). 그녀는 슬하에 3남매를 두었으나 26살의 젊은 나이에 사망하였다. (우)

안의 어머니 마르그리뜨 도트리슈-스티리(Marguerite d'Autriche-Styrie, 1584~1611) 왕비는 오스트리아의 합스부르그에서 시집와 필립 3세와의 사이에 3남매를 낳고 26살이라는 젊은 나이에 세상을 떠났다.

안은 독실한 카톨릭 신자였던 어머니의 영향으로 어려서부터 정기적으로 수녀원을 방문하여 그곳에서 몇 달씩 지낼 정도로 신심이 남달랐던 공주였다.

금슬 좋은 부부와 우애 깊은 세 남매는 화목한 생활을 영위하고 있었으나 1611년에 어머니가 갑작스레 사망하면서 왕실 가족의 평화로운 삶은 일순간에 무너지고 말았다.

어머니가 사망할 당시 11살이었던 안 공주는 남다른 책임감으로 밑의 두 동생을 끔찍이도 아끼며 잘 보살펴주었다. 그리고 동생들은 안을 엄마라 부르며 따랐다.

안이 8살이던 1609년에 에스파니아 왕실은 프랑스 왕국에 겹혼인을 먼저 제안했었다. 그러나 앙리 4세는 에스파니아를 적국으로 간주해서 이 결혼을 망설이고 있었다.

오히려 앙리 4세는 아들 루이를 로렌과 바의 상속녀 니콜(Nicole, duchesse de Lorraine et de Bar)과 결혼시킬 계획이었다. 그렇게 되면 니콜이 결혼지참금으로 가져올 보주산맥이 프랑스에 합병될 것이기 때문이다. 이 보주산맥은 소금생산지로 유명했었다.

그러나 이듬해 봄에 앙리 4세가 암살당하고 어린 아들을 대신해 왕비 마리 드 메디치가 섭정 모후가 되면서 마리는 정치적으로 급선회를 하게 된다.

그녀는 남편의 정치노선을 깡그리 무시하고 에스파니아와의 평화의 상징으로 겹혼인을 강행한 것이다. 에스파니아 왕 필립 3세는 딸이 프랑스 왕실에 들어가게 되면 자국의 이익을 대변할 수 있을 거라 생각하여 비밀리에 안에게 몇 가지 지시사항을 내렸다. 이렇게 하여 에스파니아 공주 안은 프랑스로, 프랑스 공주 엘리자베스는 에스파니아로 각각 시집을 가게 되었다.

1615년 10월 18일 부르고스에서 대리혼이 치러졌다. 그리고 다음 달인 11월 21일 보르도에서 프랑스 왕과 에스파니아 공주의 결혼식이 성대하게 치러졌다.

동갑내기인 어린 부부는 14살밖에 안 되었지만 당시 섭정 모후는 이 결혼이 나중에 '결혼 무효'가 되지 않기 위해서 바로 신혼 첫날밤을 보내게 했다. 하지만 너무 어려서 첫날밤은 잘 못 보낸 것으로 보인다.

루이 13세는 그 첫날밤을 굉장히 수치스럽게 생각해 오랫동안 어머니에게 앙심을 품었다. 또 그는 그 후 4년 동안 부인과 절대 동침을 하지 않았다. 그러나 왕실법도에 따라 아침과 저녁에는 왕비 안의 방에 들렀다.

안은 루브르 궁에서 신혼생활을 시작했다. 그녀는 에스파니아에서 데려온 신하들과 시녀들에 둘러싸여 지냈다. 안은 프랑스 궁정에서 남편의 관심 밖에 있었지만 왕비에 걸맞은 대접은 충분히 받았다.

시어머니 마리 드 메디치는 며느리의 눈치를 보지 않고 여전히 프랑스 왕비라는 타이틀을 유지하며 권력에 대한 야심을 저버리지 않았다.

안 왕비는 흰 피부에 아름다운 얼굴의 소유자였으며 특히 길고 가느다란 손으로 유럽 왕가에서 가장 손이 예쁜 왕비라고 소문이 자자했다.

한편, 루이 13세는 굉장히 수줍음을 많이 타는 사람이었다. 그는 선천적으로 몸이 약한 탓에 우울한 성격으로 변했으며 아내에게도 자주 화를

상복을 입은 어린 루이 13세. 1611년경 Pourbus le Jeune 작. Palais Pitti 궁 소장

내는 등 종잡을 수 없는 성향을 가진 말더듬이 왕이었다.

그는 특이하게도 여자를 싫어했는데 그것은 다분히 어머니에게서 유래된 것으로 보인다.

루이 13세가 철저하게 왕비에 대한 무관심으로 마음의 거리를 두는 동안 왕비는 100여 명의 에스파니아 출신의 시녀들과 함께 철저하게 에스파니아 방식으로 궁정생활을 해나갔다. 프랑스어가 서툴렀던 왕비는 새로운 시댁식구들과 의사소통에 어려움을 겪었으며 그녀 또한 수줍음을 심하게 타서 부부의 상황은 좀처럼 나아지지 않았다.

그러던 중 루이 13세는 어머니의 기나긴 섭정과 간신 콘치니(Concini) 부부를 제거하기 위한 쿠데타를 일으켜 성공한 후 마침내 친정을 하기 시작했다.

쿠데타 이후 루이 13세의 총신으로 떠오른 뤼느 공작(Charles d'Albert, duc de Luynes, 1578~1621)은 왕의 왕비에 대한 무관심이 외교적으로나 후계자 문제에

뤼느 공작 샤를 달베르(Charles d'Albert duc de Luynes)

결코 도움이 되지 않음을 상기하고 해결책을 모색했다.

첫 번째로 공작은 왕비가 에스파니아에서 데려온 시녀들을 본국으로
돌려보내고 그녀 주변을 프랑스 여자들로 채웠다.

그리하여 왕비의 수석시녀였던 토레
백작부인은 뤼느 공작부인인 마리 드
로앙(Marie de Rohan, 1600~1679)으로 교
체되었다. 또 왕비의 측근으로 콩티 공
작부인과 마담 베르네를 임명하였다.
뤼느 공작부인 마리 드 로앙의 영향으
로 안 왕비는 서서히 프랑스 여자처럼
입고 프랑스 여자처럼 행동했다. 왕비는
그동안 프랑스 궁정에서 에스파니아 궁
정의 딱딱한 예절과 관습을 고수했었다.

마리 드 로앙(Marie de Rohan). 마리 드 로앙
은 첫 번째 결혼으로 뤼느 공작부인이 되었으며
두 번째 결혼으로 슈브리즈 공작부인이 되었다.

왕비는 그때까지 몸이 노출되지 않는 에스파니아식 옷차림만을 고집
했으나 점차 가슴을 넓게 드러낸 의상을 착용하기 시작했다.

뤼느 공작은 루이 13세에게 왕비와 동침할 것을 강요했다. 1619년 봄
에 루이 13세는 뤼느 공작의 손에 이끌려 왕비의 침실에 들어갔다. 그 이
후부터 왕과 왕비는 사이가 원만해졌다. 1620년 1월에 왕비가 중병에 걸
렸었을 때 왕은 이례적으로 아내의 곁에서 간병을 해주었다.

안 도트리슈의 왕비 대관식
초상화. 피터 폴 루벤스 작.
1620년

　공작 덕분에 부부 사이가 좋아지고 있었음에도 불구하고 왕비는 여전
히 궁정회의에 참석할 수 없었고 정치적인 의견을 피력할 수 없었다. 그
래서 안은 아버지가 내린 임무를 완수할 수 없었다.

　한편, 부부의 신혼은 오래가지 않았다. 안이 몇 번에 걸쳐 유산을 하면
서 왕이 그것에 대해 불쾌감을 감추지 않았기 때문에 두 사람 사이에 서
서히 균열이 생기기 시작했다.

　1622년 3월 14일, 안과 시녀들이 루브르 궁의 어두운 복도에서 놀고
있었는데 안이 그만 자신의 옷자락에 걸려 넘어지는 바람에 유산을 하고

루이 13세의 초상화. 필립 드 샹페뉴(Philippe de Champaigne) 작. Royal Collection 소장

말았다. 루이 13세는 왕비에게 불같이 화를 냈고 뤼느 공작부인에게 크게 분노했다. 임신한 왕비를 그렇게 위험한 놀이에 동참시킨 것에 화가 난 왕은 뤼느 공작부인을 궁에서 쫓아냈다. 그날부터 왕은 그가 사망할 때까지 뤼느 공작부인이 왕비에게 끼치는 악영향을 참지 못했다.

뤼느 공작이 사망하면서 상황은 점점 악화되었다. 루이 13세는 신교도들과의 전쟁에 몰두하고 있었고 왕비는 궁에서 고립무원의 상황이었다.

그러나 뤼느 공작부인 마리 드 로앙이 남편의 사망 후 로렌공작 끌로드와 재혼해 슈브뢰즈 공작부인(Duchesse de Chevreuse)이 되면서 그녀는 궁정에서 무적의 위치에 오르게 되었다.

왕비와 마리 드 로앙은 떨어져 있을 때도 계속 서신을 주고받았었다. 슈브뢰즈 공작부인으로 거듭난 마리 드 로앙은 자신을 내쫓았던 루이 13세에게 앙심을 품고 계속해서 왕비에게 악영향을 끼쳤다.

사실 프랑스 궁정에서 루이 13세의 최대의 적은 마리 드 로앙이라고 해도 과언이 아니다. 마리 드 로앙은 부르타뉴의 유서 깊은 가문 출신으로 마리의 아버지 에르퀼 드 로앙(Hercule de Rohan-Montbazon)은 앙리 4세의 총신으로 앙리 4세가 암살당하던 날 왕과 함께 마차에 타고 있던 인물이었다.

에르퀼 공작은 앙리 4세의 암살범 프랑소와 라바이악(François Ravaillac)을 체포하는 과정에서 부상을 입은 채로 앙리 4세의 장례식을 주관했었다. 아버지 에르퀼 공작이 루이 13세의 부친에게 충성했던 인물이었던 데 반해 딸인 마리 드 로앙은 루이 13세에게 대놓고 적대감을 표출했다.

그녀는 프랑스 왕국에 대한 정보가 제대로 없는 친구이자 상전인 안 왕비를 부추기고 교묘히 이용하여 자신의 왕실에서의 입지를 강화하고 있었다.

대단한 미인이었던 슈브뢰즈 공작부인은 궁정에서 인기가 매우 높았으며 재기발랄한 그녀의 말솜씨는 듣는 이로 하여금 저절로 그녀에게 빠지게 하는 매력적인 여인이었다.


루이 13세를 싫어하고 리슐리외 추기경을 증오한 슈브뢰즈 공작부인은 왕제 가스통과 더불어 몇 건의 음모사건에 깊이 개입했으며 생크-마르스(Cinq-Mars) 반역사건 때는 급기야 로렌 지방으로 추방되었다.

프랑스 왕실의 입장에서 보면 슈브뢰즈 공작부인이야말로 왕국에 전혀 도움이 안 되는 공공연한 반역 분자였다.


왕비가 유산을 한 후 루이 13세는 그녀에게 더욱더 무관심으로 일관했다. 1625년 프랑스와 영국 사이에 결혼동맹이 체결되었다. 5월 11일에 루이 13세의 막내 여동생 앙리에뜨-마리(Henriette-Marie de France)는 영국 왕 찰스 1세(Charles I, roi d'Angleterre)와 파리에서 대리혼을 치렀다.

앙리에뜨-마리가 영국에서 정식으로 결혼식을 올리기 위해 프랑스를 떠나기 전 찰스 1세의 총애를 받던 버킹엄 공작(George Villiers, duc de Buckingham)이 앙리에뜨-마리 공주를 영국으로 에스코트하기 위해 사절단과 함께 프랑스에 도착했다.

아미앵 구시가지 전경. 멀리 아미앵 대성당이 보인다.

그래서 전통에 따라 앙리에뜨-마리 공주를 배웅하기 위해 왕비 안과
공주의 모후 마리 드 메디치가 사절단을 따라 아미앵(Amiens)으로 갔다
(루이 13세는 파리에 남았다).

이 여행에서 버킹엄 공작이 왕비에게 집적대기 시작했고 슈브뢰즈 공
작부인이 두 사람의 가교역할을 했다.


6월 14일, 슈브뢰즈 공작부인은 아미앵의 대주교 관저의 공원에서 왕
실 사람들을 모두 따돌리고 왕비와 버킹엄 공작 단둘만 있게 해주었다.

왕비 안의 시종인 피에르 드 라 포르트의 회고록에 의하면 버킹엄 공
작이 저돌적으로 왕비에게 달려들었으며 왕비는 외마디 비명을 질렀다
고 기록했다.

또 탈르망(Tallemant des Réaux)이 쓴 '야사'에도 버킹엄 공작이 왕비를 강간하려고 넘어뜨렸고 그 과정에서 왕비가 허벅지에 찰과상을 입었다고 기록했다.

신하들이 왕비의 비명소리를 듣고 부랴부랴 현장에 도착했을 때 버킹엄 공작은 온데간데없이 사라진 후였다.

6월 22일, 버킹엄 공작은 앙리에뜨-마리 공주와 함께 배를 타고 불로뉴에서 영국으로 돌아갔다. 아미앵 사건은 유럽왕실에 파다하게 소문이 퍼졌다.

가뜩이나 사이가 좋지 않았던 부부에게 이 일은 루이 13세의 자존심에 엄청난

버킹엄 공작 조지 빌리어스(George Villiers duc de Buckingham)의 초상화. 피터 폴 루벤스 작

상처를 남겼다. 버킹엄 공작에게는 프랑스에 입국 금지령이 내려졌다.

작가 알렉상드르 뒤마(Alexandre Dumas, 1802~1870)는 이 이야기를 모티브로 해서 『삼총사(Trois Mousquetaires)』라는 소설을 썼다.

1635년 프랑스는 에스파니아에 전쟁을 선포한다. 친정과의 전쟁으로 인해 안의 처지는 더욱더 곤경에 처해지게 되었다.

그 기간 동안 그녀가 자신의 남동생인 에스파니아 왕 필립 4세와 주고받은 비밀서신은 남매로서의 일반적인 서신과는 동떨어진 내용이 많았다. 남매간의 일반적인 서신의 수준을 넘고 있었다.

에스파니아 왕 필립 4세(Philippe Ⅳ, roi d'Espagne).
벨라스케스 작. 1633-1636년

1637년 8월 안은 이 비밀서신이 발각되면서 남동생 필립 4세에게 프랑스의 일급비밀을 넘겨준 스파이라는 혐의를 받게 된다. 루이 13세의 명령으로 왕비의 그간의 활동에 대한 수사가 진행되었다. 그녀가 수시로 머물렀던 발-드-그라스 수녀원에 대한 압수수색이 진행되었고, 루이 13세는 그녀에게 남동생과 비밀서신을 주고받았다는 자백을 강요했다.

이후 그녀의 서신들은 모두 검열대상이 되었다. 그녀의 주변 사람들은 모두 쫓겨났으며 슈브뢰즈 공작부인도 에스파니아로 달아났다. 그리고 왕비의 외출은 철저하게 감시당했다. 이 사건으로 급속도로 냉각된 부부 사이에 봄바람이 불 가능성은 없어 보였다. 루이 13세와 왕비 안은 진심으로 서로를 미워하고 있었다.

이런 불신의 시기에도 불구하고 1637년 12월, 뜻밖에 안의 임신 소식이 들려왔다. 이 경이로운 임신의 배경에는 여러 설이 있으나, 1637년 11월 말 루이 13세가 자신의 플라토닉 러브 상대였던 루이즈 드 라파예트(Louise de La Fayette, 1618~1665)가 앙젤리크 수녀가 되어 머물고 있던 샤이요의 성모방문 수녀원(Couvent des Visitandines de Chaillot)을 갔을 당시,

그녀가 왕에게 왕비와의 관계회복을 진심으로 충고했었다고 한다.

면회를 마치고 나온 왕은 마침 엄청난 폭우에 베르사이유로 사냥을 떠나기로 했던 약속을 취소하고 왕비가 머무르고 있던 루브르 궁으로 발길을 돌렸다고 한다. 그리고 그날 부부는 동침을 하고 마침내 도팽 루이가 탄생하는 계기가 되었다고 한다.

그러나 이 소문은 기록에 따르면 맞지 않는다. 1637년 11월 23일부터 30일까지 왕과 왕비는 생-제르맹-엉레성(Château de Saint-Germain-en-Laye)에 머물렀다는 기록이 있기 때문이다.

어쨌건 왕비는 두 번(또는 네 번)의 유산 끝에 1638년 9월 5일 생-제르맹-엉레성에서 도팽 루이(루이 14세)를 낳았다.

독실한 카톨릭 신자였던 왕비는 도팽 루이를 'Dieudonné(하나님이 주신 아들)'라 불렀고, 전국의 유명한 성당을 순례하며 결혼 23년 만에 아들을 낳게 해주신 하나님께 감사했다. 2년 후인 1640년 9월 21에는 둘째 아들 필립을 낳았다.

안 도트리슈와 미래의 루이 14세

그러나 그럼에도 불구하고 이 부부의 정치적인 신뢰는 결코 회복되지 않았다. 1642년 12월 4일 리슐리외 추기경이 죽고 이듬해인 1643년 5월 14일에는 남편 루이 13세가 사망했다. 루이 13세는 생드니 사원에 안장되었고 도팽 루이가 5살의 나이에 루이 14세가 되어 프랑스 왕으로 즉위하였다. 그리고 법에 따라 안 왕비는 프랑스 왕의 섭정으로 임명되었다.

루이 13세는 왕비와 그녀의 남동생 필립 4세에 대해서 전혀 신뢰를 하지 않았기 때문에 섭정이 주재할 왕실회의에 참석할 인물들을 유언장에 미리 정해놓았다.

왕제 가스통 도를레앙, 콩데공 앙리 2세와 함께 리슐리외의 보좌관이었던 추기경 마자랭(Jules Mazarin, 1602~1661)과 외무대신 부틸리에(Claude Bouthillier), 그리고 샤비니 백작(Léon Bouthillier), 법률고문 세귀에(Pierre Séguier) 등이 회의에 참석할 수 있는 인물들이었다.

그러나 왕비는 섭정 모후로서의 운신의 폭을 넓히기 위해 법률고문 세귀에의 도움으로 남편이 사망한 지 닷새 만에 파리 고등법원을 소집했다.

그녀는 남편의 유언장에 명시된 섭정으로서의 자신의 축소된 역할에 강하게 불만을 표시하며 청원을 냈다. 파리 고등법원은 왕비의 청원을 받아들여 루이 13세의 유언장을 파기했다.

이것으로 고등법원의 멤버들은 루이 13세 시대의 절대왕정을 비난할 기회로 삼았다.

안 도트리슈가 말년을 보낸 팔레 루아얄 궁(Palais Royal). 원래는 추기경 리슐리외가 사용하던 관저였으나 후에 왕비들이 주로 거주하였다.

섭정 모후 안은 어린 루이 14세가 정원에서 마음껏 뛰어놀게 하기 위해, 불편한 루브르 궁을 떠나 추기경 사저인 팔레 루아얄(Palais Royal) 궁으로 거처를 옮겼다.

그녀는 곧 내각을 개편했는데 추기경 마자랭을 총리로 임명해 궁정 사람들을 놀라게 했다. 또 부틸리에(Claude Bouthillier)와 샤비니 백작(Léon Bouthillier)을 멀리하고 법률고문 세귀에(Pierre Séguier)는 측근으로 두었다.

궁정에서는 섭정 안이 재상 마자랭과 비밀결혼을 했다는 얘기까지 돌았지만 의혹만 있지 증거는 어디에도 없다.

안은 친정인 에스파니아와의 전쟁에서 강경정책을 폄으로써 남동생 필립 4세를 실망시켰고, 그녀의 오랜 친구들인 슈브뢰즈 공작부인과 마리 드 오뜨포르를 멀리했다.

남편의 왕국에서는 반역을 일삼던 왕비가 아들의 왕국에서는 절대왕정을 추구하는 섭정으로 변했다. 안은 귀한 아들에게 유럽에서 가장 강력한 왕국을 물려주어야 한다는 일념으로 리슐리외가 추구했던 반 합스부르그 정책에 전적으로 동참하는 정치적 노선을 지지했다.

안의 섭정 모후로서의 첫 번째 시련은 섭정이 된 지 몇 달 후에 일어난 보퍼르 공작(Duc de Beaufort, François de Bourbon-Vendôme, 1616~1669)의 반란사건이었다.

푸아티에의 라데공드 교회(Eglise Sainte-Radegonde) 지하에 있는 성모마리아 상으로 분한 안 도트리슈. 어릴 때 잔병치레가 잦은 아들 루이를 위해 안 도트리슈는 전국의 유명교회를 돌며 아들의 쾌유를 빌었다. 루이가 완쾌하자 안은 이 교회에 감사의 표시로 성모상을 만들게 하였으나 자신의 얼굴로 성모상을 만들도록 하였다.

경황이 없었지만, 그녀는 그래도 보좌관들의 의견을 따르고 또 마자랭을 전적으로 신임하는 지혜로운 처신을 함으로써 반정은 무사히 진압되었다.

섭정 모후 안의 전폭적인 지지를 얻은 추기경 마자랭은 어린 왕 루이 14세에게 왕국의 정치, 외교, 군사를 교육시켰고 안은 아들에게 종교와 도덕적인 수양을 가르쳤다.

에스파니아 출신의 섭정 모후와 이탈리아 출신 재상의 조합은 400년 전으로 거슬러 올라간 카페왕조 시대에도 똑같은 상황이었던 때가 있었다.

루이 8세(Louis Ⅷ, roi de France, 1187~1226)의 왕비였던 에스파니아 출신의 블랑슈 드 카스티유(Blanche de Castille, 1188~1252)는 어린 왕 루이 9세 (Louis Ⅸ, roi de France, 1214~1270)를 대신해 섭정 모후로 있으면서 이탈리아 출신의 로망 추기경(Cardinal Romain)을 자신의 재상으로 임명하였다.

그러다 보니 외국인 섭정 모후와 외국인 재상에 반감을 품은 프랑스 귀족들의 반란사건이 줄줄이 일어났다.

그러나 블랑슈 드 카스티유는 재상 로망 추기경과 함께 왕국의 난국을 슬기롭게 극복했었다.

400년 전의 선조처럼 안 도트리슈에게도 역사의 검증의 시간이 다가왔다. 안의 요청으로 루이 13세의 유언장을 파기해준 고등법원은 자신들의 입지를 유리한 쪽으로 이끌어 갈 수 있다고 생각했다. 그러나 섭정 안과 재상 마자랭(Jules Mazarin, 1602~1661)은 그들의 생각과는 어긋난 정치적 행보를 이어가려 했기 때문에 파리는 다시금 전운이 감돌고 있었다.

추기경 마자랭(Cardinal Mazarin). 피에르 미냐르 작(Pierre Mignard). 콩데미술관(Musée Condé) 소장. 리슐리외의 추천으로 루이 13세에게 소개되었으며 루이 14세의 재위 초기에 강력한 왕권을 위해 노력하였다.

이윽고 1648년 부르봉 왕가의 강력한 중앙집권에 따른 귀족들의 반항으로 1차 프롱드의 난(Fronde Parlementaire)이라 일컫는 사건이 일어났다.

급기야 1649년 1월에는 왕실가족들이 파리를 떠나 생-제르맹-앙레 성으로 피난을 가는 사태까지 벌어졌다. 난방도 없는 방에 짚단을 깔고 추위에 떨며 피난생활을 했던 어린 날의 기억이 루이 14세에게는 평생의 트라우마로 남았다.

그는 신하라고 여겼던 귀족들(대부분 친족들)이 존엄한 왕권에 도전해 반란을 일으켰다는 사실과 파리의 팔레 루아얄의 유리창을 모조리 부순 돌팔매를 절대 잊지 않았다.

이러한 사실들로 루이 14세는 파리에 정이 떨어졌고 왕권에 도전하는 귀족들의 세력을 무력화시켜야 된다는 당위성을 갖게 되었다.

루이 14세는 친정을 하게 되자 궁을 파리에서 베르사이유로 이전하려는 계획을 세웠다. 그것은 결과적으로 루이 14세에게 귀족들을 그들의 영지를 떠나 베르사이유로 불러들임으로써 지방 세력들을 무력화시키고 귀족들이 화려한 베르사이유 궁(Château de Versailles)에서의 삶을 유지하기 위해서 그들의 재정을 파탄냄으로써 왕권을 강화한다는 측면에서는 성공했다고 할 수 있다.

그러나 베르사이유 궁을 지으면서 과도하게 지출된 건축비용은 고스란히 국민들의 몫이 되었다. 게다가 할아버지 앙리 4세의 '낭트 칙령'을 폐지한 루이 14세는 대부분이 신교도들이었던 세력, 즉 세금을 납부할 중심세력인 부르주아(Bourgeois)들을 핍박하게 된다.

이 부르주아들은 상공업자들이 대부분이었고 흔히 제3세력이라고 불린 신흥귀족들이었다. 그들은 자기들의 종교를 탄압하고 과중한 세금을 매긴 프랑스를 떠나 아메리카 대륙이나 네덜란드, 영국, 덴마크, 독일 등으로 망명을 떠났다.

한마디로 프랑스의 신흥귀족들이 해외로 대거 유출됨으로써 프랑스는 국가 경쟁력에서 영국이나 독일, 네덜란드에 뒤처지는 결과를 가져온다.

1661년에 마자랭이 사망한 후 안은 여러 수도원의 후원자로 활동했으며 정기적으로 발-드-그라스 수도원에 기거하곤 했다.

당시 이 왕실가족의 독특함은 바로 그들 간의 숭배에 있었는데 그 시대 왕자들이 했던 것과는 사뭇 다르게 모자간에 지나치리만큼 서로에 대한 숭상이 이루어졌다.

특히 프롱드의 난으로 왕실가족의 결속력은 더 강해졌었다. 루이 14세는 어머니와 재상 마자랭 덕분에 자신이 왕좌를 지킬 수 있었음을 잘 인지하고 있었다. 그는 두 사람에게 영원한 헌신을 약속했고 깊은 존경을 표했다.

발-드-그라스 수도원의 노트르담 부속 교회 내의 천개(Baldaquin). 아들 루이의 탄생을 기념하기 위해 발-드-그라스 교회에 천개를 건축하였다.

안 도트리슈는 시어머니 마리 드 메디치가 루이 13세에게 했던 탐욕스런 권력욕심에 진저리를 쳤었기 때문에 시어머니의 전철을 밟지 않으리라 맹세했었다.

안은 아들이 성인이 되자 국정의 모든 책임을 그에게 위임했고 마자랭에게는 아들의 충실한 총신이 되어달라고 부탁했었다.

그녀는 더 이상 정치에 흥미도, 욕심도 없었고 루이 14세는 그녀가 적절한 시기에 국정을 자신에게 넘긴 것에 감사했다.

루이 14세와 에스파니아의 공주 마리-테레즈의 결혼식 장면. 자끄 로모니에(Jacques Laumosnier) 작. 테쎄 미술관 소장(Musée de Tessé)

1660년 6월 9일, 생-장-드-뤼즈(Saint-Jean-de-Luz)에 위치한 성 세례 요한 교회(Eglise Saint Jean de Baptiste)에서 루이 14세는 사촌인 에스파니아 공주 마리-테레즈(Marie-Thérèse d'Habsbourg)와 결혼식을 올렸다.

마리-테레즈는 루이 14세의 고모 엘리자베스의 딸이었으며 안 도트리슈의 조카였다.

그러나 평생 동안 수많은 연애사건을 일으킨 바람둥이 왕 루이 14세의 여성편력에 신경이 곤두서 있던 어머니 안은 조카이자 며느리인 마리-테레즈에게 좀 더 충실한 남편이 되라고 충고했다.

더구나 장성한 아들이 국정에 관심을 두지 않고 연애질과 파티와 춤과 연극관람 등에 정신이 팔려 있으니 그녀의 근심이 날로 깊어갔다. 그녀도 희극이나 음악 관람 등을 매우 좋아했지만 어디까지나 종교에 충실한 연극에 한해서였다.

세대 간의 갈등으로 어머니와 아들 간에 잦은 다툼이 발생했다. 그리고 안은 점점 아들이 자신의 조언을 듣지 않는 것에 상처를 받았다. 그러나 이러한 갈등에도 불구하고 이들 모자의 관계는 두터웠다.

안은 60세가 넘어서도 건강관리를 잘하고 있었으나 64세에 접어들면서 돌연 유방암 판정을 받았다. 루이 14세는 어머니의 의식이 희미해져 가고 있을 때 옆방에 대기하고 있었는데 어머니의 사망 소식을 듣고는 그 자리에서 기절했다고 한다.

1666년 1월 20일 안 도트리슈는 파란만장한 일생을 끝내고 영원한 안식에 들었다. 장례미사를 행하는 중에 신하 1명이 왕을 위로하려고 "위대한 왕비셨습니다"라고 말하자, "그렇지 않네. 위대한 왕비가 아니라 위대한 군주셨어"라고 왕이 말했다.

역대 프랑스 왕가의 심장이 안치되어 있는 발-드-그라스 수도원 정문

그 시대 사람들도 그녀에게 존경을 표했다.

안 도트리슈는 자신의 심장을 발-드-그라스 수녀원 안에 있는 성 안나 예배당에 안치해달라고 유언했다. 그러나 1793년 프랑스 대혁명 때 그녀의 심장이 들어 있는 보석함이 다른 보석함들과 함께 도굴 당했다.

루이-프랑소와 쁘띠 라델(Louis-François Petit Radel)이라는 건축가는 안의 심장이 들어 있는 보석함을 훔쳐서 몇 점의 그림을 받는 대가로 이름 모를 화가들에게 팔아버렸다.

화가들이 그 심장을 원한 이유는 미라를 만드는 성분(희귀하고 비쌌음)을 안료와 섞어서 그림에 바르면 엄청난 광택을 낼 수 있었기 때문이었다.

# 루이 13세와 안 도트리슈의 자녀들

## 1. 루이 14세(Louis ⅩⅣ, roi de France, 1638.9.5.~1715.9.1.)

루이는 1638년 9월 5일 생 제르맹 엉레 성에서 태어났다. 루이는 부모가 결혼 23년 만에 얻은 귀한 아들이었으므로 태어나자마자 도팽으로 봉해졌다.

어머니 안 도트리슈는 이 귀한 아들의 이름을 '하나님이 주신 아들'이라 일컬어 'Dieu donné'라 불렀다.

베르사이유 궁전(Château de Versailles)

안 도트리슈는 결혼 23년 만에 얻은 귀한 아들을 하나님이 주신 귀한 아들이라는 뜻으로 'Dieu donné'라 불렀다.

    루이는 1643년 5월 14일, 아버지 루이 13세의 뒤를 이어 프랑스 왕으로 즉위하였다. 왕으로 즉위할 때 그의 나이는 5살이 채 안 되었으며 그를 대신해 어머니 안 도트리슈가 왕국의 섭정을 맡았다.

    그는 64번째 프랑스 왕이었으며 할아버지 앙리 4세에게서 물려받은 나바르 왕국의 왕으로는 44번째 왕이었다.

    루이 14세는 장장 72년이라는 긴 세월을 왕좌에 있었고 이것은 유럽에서 가장 긴 재위기간이었다. 프랑스 왕으로서도 가장 긴 재위기간이었다.

    그러나 루이 14세의 어린 시절은 그리 행복한 시간이 아니었다. 그의 아버지 루이 13세는 귀하게 얻은 자식을 버릇없이 키우지 않기 위해 아들에게 종종 필요 이상으로 가혹하게 매질을 하기도 했다.

루이 14세 초상화. 히아상트 리고(Hyacinthe Rigaud) 작. 1701년

그리고 어린 나이에 겪은 프롱드의 난으로 이곳저곳으로 거처를 옮겨 다니며 피난 생활을 한 기억을 그는 평생 잊지 못했다.

22살에 친정을 시작한 루이 14세는 콜베르(Jean-Baptiste Colbert, 1619 ~1683)와 루부아(François Michel Le Tellier de Louvois, 1641~1691) 등 유능한 재상들을 기용하여 왕국을 번영시켰다.

이외에 예술과 연극, 무용 등에 일가견이 있던 그는 지금으로 치면 연예인 기질도 다분했던 왕이었다.

루이 14세는 화가 샤를 르 브룅(Charles Le Brun, 1619~1690)이나 극작가 몰리에르(Molière, 1622~1673)와 라신(Jean Racine), 그리고 정원사 르 노트르(André Le Nôtre, 1613~1700) 등을 후원하여 그들이 마음껏 자신들의 역량을 펼 수 있도록 도와주었다.

그러나 그는 변화하는 세계에 발맞추지 못하고 절대왕정을 고수하며 막대한 자금을 들여 화려한 궁을 짓고 국민들로부터 철저히 유리된 채 베르사이유 궁에서 호화로운 생활을 하는 바람에 점점 국민들의 원성을 사게 되었다.

또 '낭트칙령'을 폐지하여 신교도들을 핍박하면서 유능하고 막대한 재산가들이었던 신교도들이 해외로 대거 망명하여 프랑스가 유럽에서 서서히 경쟁력을 잃는 계기를 만들었다.

루이 14세는 피레네 조약(Traité des Pyrénées)에 따라 1660년 6월 9일 성

세례요한 교회(L'Eglise Saint-Jean-Baptiste)에서 고종사촌인 에스파니아 공주 마리-테레즈와 결혼했다.

마리-테레즈(Marie-Thérèse d'Espagne, 1638~1683)는 루이 14세와 동갑으로 그녀가 프랑스로 시집올 때 그녀는 불어를 한마디도 할 줄 몰랐으며 이후에도 에스파니아식 악센트가 강한 불어를 사용했기 때문에 궁정사람들은 그녀의 말을 알아듣기가 매우 어려웠다고 한다. 그러나 그녀 덕분에 프랑스 궁정 사람들은 초콜릿과 오렌지를 처음 맛보았다.

프랑스 왕비 마리-테레즈의 초상화. 앙리와 샤를 보브룅 (Henri et Charles Beaubrun) 작

초콜릿을 입에 달고 사는 바람에 남아나는 치아가 하나도 없을 정도로 군것질이 심했고, 지능이 약간 떨어지는 왕비였지만 남편 루이 14세는 늘 변함없이 그녀를 존중해 주었고 많은 정부를 두었음에도 불구하고 루이 14세는 무슨 일이 있어도 일주일에 하루는 늘 왕비의 처소를 찾았다고 한다.

마리-테레즈와 루이 14세는 총 23년간의 결혼생활을 유지하며 6명의 자녀를 두었다. 그중 장남인 도팽 루이(Louis de France, 1661~1711)는 1711년 천연두에 걸려 아버지 루이 14세보다 먼저 사망하였고 그의 손자인 루이가 후에 루이 15세(Louis XV, roi de France, 1710~1774)로 왕이 되었다.

또한 도팽 루이의 둘째 아들 필립(Philippe de France, 1683~1746)은 후에 에스파니아로 건너가 에스파니아의 왕 필립 5세로 즉위하였다. 마리-테레즈는 1683년 7월 30일 베르사이유 궁에서 44세를 일기로 사망했다.

루이 14세의 정부 루이즈 드 라 발리에르(Louise de La Vallière)의 초상화. 그녀는 루이 14세의 총애를 잃자 수도원으로 들어가 수녀가 되었다.

루이 14세의 정부 몽테스팡 후작부인(Madame de Montespan)의 초상화. 그녀는 무려 13년 동안이나 루이 14세의 공식정부로 있었으며 왕과의 사이에 7명의 자녀를 두었다. 그녀는 왕의 총애를 잃고 나서도 10년간이나 베르사이유 궁에 머물렀으며 그 후 수도원에 들어가 생을 마감했다.

루이 14세는 어렸을 적 첫사랑이었던 마리 만시니(Marie Mancini, 1639~1715)와의 결혼이 좌절되자 괴로워했으며 그 후 그의 애인들은 계속 바뀌어 루이즈 드 라 발리에르(Louise de La Vallière, 1644~1710)와 몽테스팡 후작부인(Madame de Montespan, 1640~1707) 등의 정부를 두었다. 그리고 그녀들과의 사이에서 총 10명의 서자들을 두었다.

루이 15세의 초상화. 루이-미셸 반 루(Louis-Michel van Loo) 작. 루이 14세의 증손자로 그는 5살의 나이에 왕위에 올랐다.

그러다 루이 14세는 오랜 시간 함께해온 몽테스팡 후작부인을 내치고 그녀의 아이들을 돌보던 유모 맹트농 부인(Françoise d'Aubigné, 1635~1719) 과 비밀결혼을 했다. 왜냐하면 맹트농 부인은 왕비가 될 수 없는 직위의 여성이었기 때문이었다.

루이 14세의 말년은 고통의 연속이었다. 대식가에다 단 것을 너무 좋아한 그는 썩은 치아로 고생하다 결국 치아를 몽땅 빼고 입천장을 지지는 극심한 고통을 견뎌내야만 했다. 그리고 치루로 인한 설사로 이동식 변기통을 늘 휴대해야 했고 젊은 시절부터 그를 괴롭힌 통풍으로 평생 고생했다. 1715년 여름부터 루이 14세는 왼쪽다리에 극심한 통증을 호소했다. 곧이어 그의 왼쪽다리가 괴사하고 말았다. 당시의 의료기술로는 어찌할 도리가 없었겠지만, 거의 돌팔이나 다름없는 의사들의 처방이란 고작 피를 뽑고 소독도 안 한 핀셋으로 고름을 짜내는 정도였다.

1715년 9월 1일 오전 8시 15분, 루이 14세는 증손자 루이에게 "너는 나를 본받지 말고 국민들의 괴로움을 덜어주는 정치를 하라"는 유언을 마친 후 영면에 들었다. 그의 재위기간은 정확히 72년 100일이었다.


## 2. 필립 도를레앙(Philippe d'Orléans, 1640.9.21.~1701.6.9.)

필립 도를레앙은 1640년 9월 21일 생-제르맹-엉-레성에서 아버지 루이 13세와 어머니 안 도트리슈 사이에 둘째 아들로 태어났다. 필립은 태어나자마자 앙주 공작(duc d'Anjou)으로 봉해졌고 후에 오를레앙(duc d'Orléans)과 샤르트르(duc de Chartres), 그리고 발로아(duc de Valois), 느무르(duc de Nemours), 몽팡시에 공작(duc de Montpensier)으로 봉해졌다.

필립은 삼촌 가스통 도를레앙이 그랑 무슈로 불리었기 때문에 그는 '쁘띠 무슈'로 불리었다. 필립은 삼촌 가스통 도를레앙처럼 형인 왕에게

필립 도를레앙(Philippe d'Orléans)의 초상화. 피에르 미냐르 작. 보르도의 보자르 미술관(Musée de beaux-arts de Bordeaux) 소장. 필립 도를레앙은 루이 14세의 유일한 동생으로 그는 평생 형의 그늘에서 벗어나지 못했다.

경쟁자가 되는 것을 막기 위해서 어렸을 때부터 어머니에 의해 여자처럼 길러졌다. 그 결과 필립은 형과 정반대인 여성스러운 성격으로 자라게 되었다. 그때 당시 남자아이들에게도 6살까지는 치마를 입히는 게 이상한 게 아니었지만 필립은 어른이 되어서도 치마를 즐겨 입었다.

그리고 그는 가끔 여자처럼 꾸몄다. 그는 얼굴에 화장을 하고 화려한 장신구를 즐겨했으며 예쁜 치마를 잘 입었다. 그리고 필립은 궁정의 다른 여자들에게도 예쁜 옷을 골라주는 것에 남다른 재주가 있었다.

마자랭은 이탈리아에서 그의 조카들을 데려와 궁정에서 두 형제들과 함께 자라게 했는데, 어떤 역사가들은 마자랭의 남자 조카 필립 만시니(Philippe Mancini)가 왕세자 필립을 동성애자로 이끌었다고 기록했다.

필립 도를레앙은 사치스러운 생활을 유지하며 평생 풍류남으로서 자유롭게 살고 싶어 했으나 왕제라는 신분 때문에 결혼을 해야 했다. 그는 이미 샤티용 후작(Marquis de Châtillon)과 기슈 백작(Comte de Guiche) 등 여러 명의 총애하는 남자 귀족들을 거느리고 있었다. 그러나 그중에서 필립이 제일 각별하게 생각하는 인물은 슈발리에 드 로렌(Chevalier de Lorraine, Philippe)이라는 별명으로 불린 로렌 공 필립이었다.

이 슈발리에 로렌은 굉장한 미남이었으며 필립은 죽을 때까지 이 남자를 좋아했다. 그는 필립 곁에서 평생 동안 온

필립 드 로렌(Philippe de Lorraine). 로렌 공작 필립. 필립 도를레앙의 애인이며 후에는 그의 채홍사 노릇까지 한 인물로 그는 일생동안 필립 도를레앙으로부터 온갖 혜택을 받으며 부귀영화를 누렸다.

갖 특혜를 누렸으며 필립이 소유한 성마다 가장 좋은 아파트를 배정받았다. 그리고 그는 늙으면서 퐁파두르 부인처럼 마담뚜가 되어 필립에게 애인들을 공급했다.

로렌 공은 필립의 두 부인들에게 끝까지 악영향을 끼쳤다. 필립 도를레앙은 두 번 결혼했다. 필립의 첫 번째 부인은 고모인 앙리에뜨-마리와 영국 왕 찰스 1세의 딸인 사촌 앙리에뜨(Henriette d'Angleterre, 1644~1670) 공주였다. 필립과 그녀가 결혼하는 목적은 프랑스와 영국 양국 간의 돈독한 관계를 유지하기 위함이었다. 그러나 이 두 사촌은 결혼 초부터 사이가 좋지 않았다.

앙리에뜨 왕제비는 사교계를 즐겼고 몇 명의 애인을 두었는데 그 애인 중 하나가 시아주버니 루이 14세라는 소문이 있었다. 이것은 필립의 심

기를 건드렸고 앙리에뜨도 남편의 애인들을 못마땅해 했다. 이렇게 부부 사이가 안 좋았음에도 둘 사이에 3명의 아이가 태어났다.

앙리에뜨는 남편의 애인인 로렌 공을 증오했으며 루이 14세에게 부탁해 그를 해외로 추방해 달라고 눈물로 호소했다. 그러나 루이 14세의 명으로 로렌 공이 해외로 추방된 직후 공교롭게도 그녀는 26살에 미스터리한 죽음을 맞이한다.

앙리에뜨 공주(Henriette d'Angleterre)의 초상화. 필립 도를레앙의 첫째 부인이다. 그녀는 영국 왕 찰스 1세와 왕비 앙리에뜨-마리의 막내딸로 남편 필립 도를레앙과는 사촌 간이었다.

밤중에 목이 말라 치커리 음료를 시켜 마신 후 새벽에 갑자기 사망한 것이다. 이에 로렌 공작이 사람을 시켜 왕제비를 독살시켰다는 소문이 곧바로 퍼져나갔다.

필립 도를레앙은 1761년 11월 19일 생테티엔의 샬롱 대성당(Cathédrale Saint-Etienne de Châlons)에서 두 번째 결혼식을 올렸다. 그의 두 번째 부인은 하이델베르그(Heidelberg)에서 온 팔츠의 엘리자베스-샤를로뜨(Elisabeth-Charlotte de Bavière, 1652~1722) 대공녀였다. 신교도였던 그녀는 필립과 결혼하기 위해 메츠(Metz)에서 카톨릭교로 개종했다.

그러나 필립은 그녀에게 그다지 관심이 없었다. 이 두 커플은 겉으로 보이는 상반된 모습 때문에 궁에서 종종 웃음거리가 되곤 했는데 왕제비는 덩치가 컸으며 필립은 말랐기 때문이었다. 두 사람은 상호간에 존경을 표했으며 부부라기보다는 친구처럼 지냈다. 그녀는 루이 14세와 종종 사냥을 함께 나갈 만큼 시아주버니와 사이가 좋았다.

그녀도 필립과의 사이에 3명의 자녀들을 낳았는데 그중 한 명이 향후 왕국의 섭정이 된 샤르트르 공작 필립(Philippe, duc de Chartres, 1674~1723)이었다.

바이에른의 샤를로뜨 엘리자베스(Charlotte-Elisabeth de Bavière)의 초상화. 필립 도를레앙의 두 번째 부인이다. 그녀는 팔츠의 선제후 샤를-루이의 딸이며 하이델베르그 출신으로 19살에 필립 도를레앙과 결혼했다.

이 샤르트르 공작의 바람기가 아버지 필립의 명을 재촉하는 계기가 되었다. 샤르트르 공작은 큰아버지 루이 14세와 그의 정부인 몽테스팡 후작부인과의 사이에 태어난 프랑소와즈-마리(Françoise-Marie de Bourbon, 1677~1749)와 결혼했다.

그러나 그가 자신의 부인 앞에서 대놓고 바람을 피운 것 때문에 아버지와 큰아버지가 심하게 말다툼을 벌인 날 저녁에 아버지 필립이 갑자기 사망한 것이다. 아버지 필립은 그의 형 루이 14세와 대판 싸우고 돌아온 후 마를리 궁(Château de Marly)에 도착하자마자 뇌출혈로 쓰러졌고 이튿날인 1701년 6월 8일 사망했다.

동생의 사망 소식을 들은 루이 14세는 엄청난 충격을 받았고 자신으로 인해 동생이 죽었다는 죄책감에 오랜 시간 시달렸다고 한다. 루이 14세는 동생의 죽음을 애통해하며 며칠 동안 울었다.

그런데 이에 반해 필립의 오랜 애인인 로렌 공작은 아무런 슬픔도 느끼지 않았고 아내 엘리자베스-샤를로뜨 또한 슬픔을 느끼지 않았다고 한다. 그녀의 관심은 오로지 어떻게 하면 수녀원에 들어가지 않을까 하는 생각뿐이었다. 그녀는 필립이 그의 총애자들과 주고받은 편지들이 세상 밖에 알려지지 않도록 모조리 불태웠다.

형에게 말대꾸 한마디 하지 않고 항상 순종적이었던 동생에게 늘 핀잔과 창피만 주었던 루이 14세는 동생이 죽고 나서야 비로소 필립이 얼마나 자신에게 소중한 존재였는가를 깨달았다.

# *4.*

# 끌로틸드

## (Clotilde, 475~545)

"투철한 종교적 신념으로 이교도 남편을 개종시킨 왕비"

파리 뤽상부르 공원에 있는 끌로틸드의 석상. 장-밥티스트-쥘-클라그만 작. 1847년

리옹(Lyon)의 시청사. 리옹은 부르군트 왕국의 수도였으며 끌로틸드가 이곳에서 태어났을 것으로 추정한다.

끌로틸드는 부르군트 왕국의 공주로 475년경 왕국의 수도인 비엔느(Vienne) 또는 리옹(Lyon)에서 태어났을 것으로 추정된다. 그녀는 결혼으로 프랑크 왕국의 왕비가 되었으며 프랑크 왕국이 서방 기독교의 중심국가가 되는 데 크게 기여했다.

그녀의 선조는 북유럽 발트해 연안의 종족인 에스토니아인이나 노르웨이인으로 추측되는데 계속해서 남하 정책을 편 북유럽의 한 일파가 기후가 온순한 프랑크 동쪽 지역에 자리 잡고 세운 부르군트 왕국의 왕족들이었다. 끌로틸드는 부르군트 왕 실페리크 2세(Chilpéric Ⅱ de Burgondie, 450~491)와 왕비 카레테나(Carétène, ?~?)의 둘째 딸로 태어났다. 끌로틸드의 언니 이름은 크로마(Croma, ?~?)이고 이름이 알려지지 않은 2명의 남자 형제들이 있었다.

끌로틸드의 아버지 실페리크 2세는 부르군트 왕 공디오크의 셋째 아들로 태어났으며 그에게는 세 명의 남자 형제들이 더 있었는데 그들의 아버지 공디오크가 사망하고 실페리크 2세가 왕이 되면서 무슨 이유에서인지 형제들의 권력 다툼이 시작되었다.

아마도 장남인 공드보(Gondebaud, ?~516)가 아버지의 유언에 따라 자신을 제치고 동생이 왕이 된 것에 불만을 품고 동생들을 부추겼을 가능성이 가장 큰데, 결과적으로 왕국은 형제들 간의 전쟁터가 되었고 그 결과 부르군트 왕국은 4명의 형제들에 의해 분열되었다.

그리고 이 내전 중에 공드보에 의해 2명의 형제는 전사하고 실페리크 2세와 왕비 카레테나 그리고 두 아들도 사로잡혀 감금당했다. 얼마 지나지 않아 실페리크 2세와 두 아들은 목이 잘렸고 왕비 카레테나는 커다란 돌덩어리를 목에 매단 채 산채로 우물에 던져졌다.

역사가 '투르의 그레고리우스'에 의하면 실페리크 2세의 두 딸은 그녀의 가족들이 몰살당하고 난 후 삼촌 공드보에 의해 국외 추방명령이 내려졌다고 기록하고 있다.

당대의 기록이 많지 않음에도 불구하고 그녀의 삶에 대한 내용은 종종 자세하게 언급되어 있다. '투르의 그레고리우스'뿐 아니라 랭스 주교 레미(Evêque de Reims, Saint Rémi)가 쓴 '생 레미의 일대기'에도 그녀에 대한 언급이 있다.

그 일대기에는 끌로틸드가 남편 클로비스를 개종시키고 세례를 받도

프랑스 북부 엔느(Aisne) 지방의 수도 수아송(Soissons). 초기 프랑크 왕국의 수도였으며 끌로틸드는 끌로비스와 493년 이곳에서 결혼했다.

끌로틸드의 조각상        프랑크 왕 클로비스(Clovis, roi des Francs)

록 많은 노력을 했다거나 생 레미가 왕비 끌로틸드에게 많은 조언을 해주었고 또 그녀를 보호해 주었다고 기록하고 있다.

부르군트 왕국에서 쫓겨난 두 공주(끌로틸드와 크로마)는 프랑크 왕국의 왕 클로비스에게 의탁하고 있었다. 그 후 언니 크로마는 수녀원에 들어가 수녀가 되었고 동생 끌로틸드는 클로비스(Clovis, roi des Francs, 466~511) 왕의 눈에 띄어 두 사람은 부부가 되었다.

18세의 끌로틸드는 27세의 클로비스와 493년 수아송(Soissons)에서 결혼식을 올렸다. 엄밀히 따지면 끌로틸드는 클로비스의 두 번째 부인이 된다. 그녀가 결혼했을 때 클로비스에게는 이미 티에리(Thierry Ⅰ, 484~534)라는 아들이 있었다. 끌로틸드는 독실한 기독교 신자였던 어머니 크레테나 왕비의 영향으로 친정에서부터 이미 정통 기독교도였으나 남편 클로비스는 이단인 아리우스파를 신봉하는 이교도였다.

결혼한 해에 첫아들 앙고메르(Ingomer)를 낳은 끌로틸드는 남편과 상의하지 않고 아들에게 기독교식으로 세례를 주었다. 그러나 세례를 받은 며칠 후 앙고메르가 열병으로 갑자기 죽자 부부 사이가 급격히 나빠졌다. 왕은 왕비에게 아들의 죽음에 대한 책임을 물으며 심하게 화를 냈다.

2년 후 태어난 차남 클로도미르에게도 기독교식으로 세례를 감행한 왕비는 또 세례식 후 아들이 몹시 앓자 하나님에게 전심으로 기도를 올렸고 그 결과 아들은 다행히 완쾌되었다. 그리고 그녀는 후에 태어난 세 아이들에게도 똑같이 세례를 받게 했다.

자식들에게 세례를 받게 한 것이 남편에게 미리 허락을 받은 것인지, 아니면 왕비가 독단적으로 행한 의식인지는 알려지지 않았으나 만일 허락을 받았다면 왕은 첫아들의 죽음 이후에도 아내를 전적으로 신임했다는 것을 알 수 있다.

파리의 6구에 위치한 샌트 주느비에브 수도원(Abbaye Sainte-Geneviève). 니콜라 랑소네뜨(Nicolas Ransonnette) 작. BnF. 끌로틸드는 클로비스에게 수도원 건립을 간청하였고 클로비스가 하사한 토지 위에 이 수도원이 건립되었다 (502년).

클로비스와 왕비 끌로틸드는 당시 메로빙거 왕조의 수도였던 수아송이 아닌 파리 근교의 클리시(Clichy)나 셸르(Chelles) 그리고 에뻬뇌이(Epineuil)의 궁에서 지냈다.

그 후 클로비스는 서고트 왕국과 벌인 부이예 전투(Bataille de Vouillé, 501)에서 승리한 후 왕국의 수도를 파리로 정했다.

그리고 당시 파리에서 가장 영향력 있는 인물이며 파리 시민들의 숭배의 대상이었던 성녀 주느비에브에게 깊이 감화된 끌로틸드는 남편에게 간청하여 파리의 세느강 좌안 언덕에 생트 주느비에브 수도원을 건설하였다. 후에 왕과 왕비는 이 수도원에 매장되었다.

끌로틸드의 남편 클로비스는 466년경 당시 프랑크 왕국의 수도였던 투르네(Tournai, 현재 벨기에의 왈롱주)에서 태어났다. 클로비스의 아버지 실데리크 1세(Childéric I, roi des Francs Saliens, ?~481)는 게르만족의 일파인 살리 프랑크족을 이끌던 부족장이었는데 그는 로마의 용병대장으로 있으면서 훈족을 무찌른 공으로 로마제국 내의 작은 왕국인 프랑크 왕국을 다스릴 수 있었다.

클로비스의 부모인 실데리크 1세(Childeric, roi de Francs)와 튀링겐 공주 바신느(Basine de Thuringe)

후에 이 가문은 프랑크 왕국의 초대 왕조가 되었는데 이 메로빙거 왕조의 이름은 실데리크 1세의 아버지 메로베(Mérovée, ?~457) 또는 메로베크의 이름에서 따온 것이다. 이 메로베 가문에서 내려오는 전설은 자신들이 예수와 막달라 마리아의 후손이라는 것을 굳게 믿었다는 것이다.

아무튼 실데리크 1세는 튀링겐의 공주 바신느(Basine de Thuringe, ?~?)와 결혼해 1남 1녀를 낳았다. 그는 로마군과 연합해서 치른 서고트 왕국과의 오를레앙 전투에서 승리했고 작센인들과 벌인 앙제 전투에서도 승리해 프랑크 북부의 작은 왕국이 서서히 프랑크 남부로 영토를 확장할 수 있게 발판을 마련해 주었다.

481년, 살리 프랑크 왕 실데리크 1세는 외아들 클로비스에게 왕국을 물려주고 투르네에서 사망했다. 아버지의 뒤를 이어 프랑크 왕으로 즉위할 당시 클로비스의 나이는 15세에 불과했다. 어린 나이임에도 불구하고 그는 주변을 압도할 정도의 특유의 카리스마와 탁월한 지도력을 갖춘 용감한 장군으로 성장했다. 클로비스의 생애는 영토 확장을 위한 주변국들과의 전쟁이 그의 생의 전부라고 해도 과언이 아니다.

486년경부터 클로비스는 본격적인 영토 확장에 나섰다. 우선 그는 수아송을 근거지로 삼고 갈리아-로마인을 다스리고 있던 로마 장군 시아그리우스(Syagrius, 430~487)를 물리치고 수아송을 접수하여 새로운 프랑크 왕국의 수도로 삼았다.

오늘날까지 전해 내려오는 유명한 '수아송의 항아리'가 이 전쟁을 배경으로 하고 있다.

## 수아송의 항아리의 전설(La légende du vase de Soissons)

『프랑크의 역사』를 쓴 투르의 그레고리우스(L'Histoire des Francs de Grégoire de Tours)에 의하면 수아송 전투에서 승리한 클로비스의 군대는 정복지에 대한 전리품을 각 군대의 장군들과 나누고 있었다. 그때 당시 랭스의 주교인 레미(Rémi de Reims, 437~533)가 성당의 보물인 항아리만큼은 돌려달라고 간청하자 클로비스는 항아리를 자신의 노획물 자루에 담아 레미 주교에게 돌려줄 생각이었다.

그러자 갑자기 장군 한 사람이 노획물을 아무 의논 없이 클로비스가 혼자 취한 데 분노하여 들고 있던 도끼로 항아리를 부숴버렸다. 일순간 그 자리는 찬물을 끼얹은 듯 무거운 정적이 감돌았다. 그러나 클로비스는 노여움을 드러내지 않고 담담하게 곁에 있던 부하에게 깨진 항아리를 레미 주교에게 돌려주라고 명했다.

이 일이 있은 지 1년 후인 487년 3월 1일, 클로비스는 샹 드 마르스에서 전투태세 중이던 군대를 시찰하던 중 수아송에서 항아리를 부순 장군을 알아보고는 그에게 다가가 단정치 못한 복장 상태를 지적하고 그가 풀어진 군화를 고쳐 메는 도중에 그의 머리를 도끼로 내리쳐 살해했다.

클로비스는 수아송에서의 일을 잊지 않고 있었으며 기회가 오자 그에게 복수를 한 것이다.

클로비스는 자신의 원류인 살리족과 더불어 동쪽에서 강력한 부족으로 부상한 게르만족의 일파인 리푸아르 프랑크족과 동맹을 맺으며 결혼에 골인한다. 그의 첫 번째 부인이 되는 에보실드(Evochilde)는 클로비스의 첫째 아들 티에리를 낳고 얼마 지나지 않아 사망한 것으로 보인다.

클로비스는 491년에는 뷔링겐 왕국을 무력화시켰다. 그리고 493년 부르군트 왕국의 내전에서 간신히 탈출한 부르군트 공주 끌로틸드와 재혼했다.

클로비스는 로마 카톨릭에서
이단으로 지목한 아리우스파를
신봉하고 있었지만 그의 두 번째
아내 끌로틸드는 정통 로마 카톨
릭 교도로서 열렬한 교회 신봉
자였다. 클로비스가 언제 세례를
받았는지는 분명하지 않다. '투
르의 그레고리우스'는 단순히 클
로비스가 크리스마스 날에 3천
명의 병사들과 함께 랭스의 레미
주교에게 세례를 받았다고만 기
록하고 있기 때문이다. 이 3천 명

랭스 주교 생 레미(Saint-Rémi)의 집전으로 거행된 클로비스의 세례식 장면

의 병사들이란 다소 과장된 숫자일 것이지만 그럼에도 이단이었던 그가
무슨 심경의 변화로 세례를 받았는지는 지금도 정확히 알 수 없다.

상아에 조각된 클로비스의 세례 장면. 아미앵 소재 피카르디 미술관 소장

전설에 의하면 496년에 벌어진 톨비악 전투(Bataille de Tolbiac, 496)에서 프랑크족이 수세에 몰리자 클로비스가 아내 끌로틸드의 충고를 받아들여 하나님에게 전심으로 기도한 후 기적적으로 전쟁에서 승리한 직후일 것이라는 게 역사가들의 중론이다.

507년 봄에 서고트 왕국과 치른 부이예 전투(Bataille de Vouillé, 507)에서 승리한 후 클로비스는 왕국의 수도를 파리로 정했다.

이로써 오랜 세월 갈리아의 수도였던 리옹에서 파리로 프랑크 왕국의 수도가 옮겨지게 되었다. 클로비스(Clovis)의 이름은 후에 프랑스어로는 루이(Louis), 독일어로는 루도비크(Ludovic)로 변형되어 후대의 많은 왕들이 이 이름을 사용하여 선조인 클로비스를 기렸다.

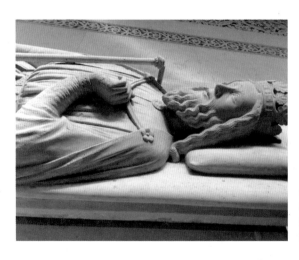

클로비스의 횡와상(Gisant).
처음 클로비스는 생트 주느비에브 수도원에 매장되어 있다가 후에 생드니로 옮겨졌다.

511년 프랑크 왕 클로비스는 4명의 아들들(첫째 부인에게서 낳은 티에리

포함)에게 게르만족의 관습법인 살리크 법(loi salique)에 의거하여 국토를 균등 분할하여 분배하였다.

그리고 같은 해 11월 27일 파리에서 사망한 후 자신이 건립한 생트 주느비에브 수도원에 묻혔다. 사망할 당시 그의 나이는 45세였다. 클로비스의 무덤은 그 후 수차례에 걸쳐 도굴 당했으며 현재 그의 무덤은 생드니 사원에 있다.

생드니 수도원 왕실묘역구역 클로비스 무덤 앞의 팻말

남편 클로비스가 사망했을 때 끌로틸드의 나이는 36세 정도였다. 그녀는 당시 대다수의 미망인 왕비들이 그랬던 것과는 달리 수녀원으로 은퇴하지 않았다. 그녀는 계속해서 파리에 머물며 아들들에게 정치적인 조언을 해주거나 특히 사랑하는 큰아들 클로도미르에게 지속적인 영향력을 행사하고 싶어 했다.

그래서 그녀는 큰아들에게 당시 내란 상태에 있던 친정 부르군트 왕국을 침략할 것을 종용했다. 전쟁에서 승리한다면 부르군트 왕국은 세 아들(의붓아들 티에리는 제외)에게 균등 분배될 것이고, 부르군트 왕이며 사촌인 시지스몽(Sigismond)이 살해될 경우 끌로틸드는 친정식구의 원수를 갚게 되는 것이기 때문이다.

투르에 위치한 생 마탱 수도원(Basilique Saint-Martin de Tours).
끌로틸드는 말년에 이 수도원으로 은퇴하여 구제사업 등을 하며 지냈다.

그녀의 소원대로 세 아들들은 연합하여 부르군트 왕국을 무너뜨렸으며 사로잡아온 왕 시지스몽은 우물에 던져져 살해당했다.

그러나 결과적으로 얻는 게 있으면 잃는 것도 있듯 끌로틸드는 자신의 개인적인 복수는 성취했으나 큰 아들의 사망 그리고 남은 아들들이 조카를 살해하는 패륜을 눈앞에서 목격하는 불행을 겪게 된다.

상심한 끌로틸드는 투르(Tours)로 떠났다. 그리고 그곳에서 생 마탱 수도원에 기거하며 수도원의 증축을 명했다. 또한 성인 마르티누스(Saint Martin, 316~397)의 묘를 새로 조성하기도 했다.

생 마탱 수도원 지하에 조성되어 있는 성인 마르티누스(Martin de Tours)의 묘

가난한 사람들에 대한 봉사와 희생으로 남은 생을 살았던 끌로틸드는 545년 생 마탱 수도원(Basilique Saint-Martin de Tours)에서 사망했다.

두 아들 실데베르트와 클로테르에 의해 그녀의 유해는 파리로 옮겨졌고 34년 전에 생트 주느비에브 수도원에 매장되어 있던 남편 클로비스 곁에 묻혔다.

1656년 끌로틸드의 갈비뼈를 기증받은 앙들리의 노트르담 성당(Collégiale Notre-Dame des Andelys)은 성녀 끌로틸드에게 성당을 봉헌했다. 매년 6월 3일이 그녀의 축일이다.

노트르담 수도원 정문에 있는 문화재 푯말

레 장들리의 노트르담 수도원(Collégiale Notre-Dame des Andelys).
1255년 끌로틸드의 성유물을 보관하기 위해 지어진 성당이다.

# 클로비스와 왕비 끌로틸드의 자녀들

## 1. 앙고메르(Ingomer, 493~493)

앙고메르는 클로비스와 왕비 끌로틸드의 장남이다. 태어난 곳은 알려져 있지 않다. 앙고메르는 태어나서 얼마 지나지 않아 어머니에 의해 기독교식으로 처음 세례를 받은 메로빙거 왕조의 왕자이다.

아버지 클로비스는 아직 이교도였지만 정식 왕비에게서 처음 태어난 왕자의 탄생을 매우 기뻐한 왕은 아내가 자신과 의논하지 않고 아들을 기독교식으로 세례를 받은 것을 용인해 주었다. 뿐만 아니라 클로비스는 아들의 세례식 날에 국가 경사에 버금가는 규모의 성대한 잔치를 벌여주었다.

하지만 앙고메르가 세례 받은 지 일주일 만에 사망하자 클로비스는 왕비 끌로틸드에게 불같이 화를 내며 "당신의 신이 아니라 나의 신에게 축복을 받았다면 내 아들이 아직 살아 있을 것"이라며 그녀를 원망했다.

그러자 왕비 끌로틸드는 어려서 죽은 아이들은 나의 하나님이 기르신다는 것을 믿고 있으므로 아들의 죽음을 슬퍼하지 않는다며 그녀의 굳건한 신앙심을 드러냈다. 클로비스는 앙고메르의 죽음을 핑계 삼아 자신이 세례 받는 것을 거부했다.

## 2. 클로도미르(Clodomir, 495~524.6.25.)

클로비스의 사후 왕비 끌로틸드의 입회하에 4명의 아들들이 살리크 법에 의해 각자의 왕국을 상속 받고 있다.

클로도미르는 클로비스와 왕비 끌로틸드의 둘째 아들이다. 클로도미르는 태어나자마자 독실한 기독교 신자였던 어머니에 의해 기독교식으로 세례를 받은 첫 프랑크 왕이었다.

이미 장남을 세례식 직후 잃었던 일 때문에 아버지 클로비스는 아들의 세례식을 반대했었다. 게다가 클로도미르는 세례식 이후 몹시 앓았기 때문에 부모의 걱정이 이만저만이 아니었는데 어머니의 간절한 기도 덕분에 다행히 완쾌되었다.

511년, 아버지 클로비스가 사망하자 게르만 관습법에 의해 클로도미르와 두 동생 그리고 이복형 티에리까지 참석한 가운데 프랑크 왕국의 분할이 이루어졌다.

클로도미르가 상속한 오를레앙은 이전의 시아그리우스가 지배하던 영토였다. 오를레앙의 왕이 된 클로도미르는 주교좌가 있는 투르를 비롯하여 푸아티에와 부르즈 그리고 리무장에 이르는 프랑크 왕국의 중서부에 해당하는 지역을 다스리게 되었다.

클로도미르는 517년경 부르군트 왕국의 공주인 공디오크(Gondioque, ?~?)와 결혼했다. 그리고 두 사람 사이에 세 아들 티보(Thibaut), 군타르(Gunthar), 클로도알드(Clodoald, 후에 성인이 됨)가 차례로 태어났다. 오를레앙 왕국은 평화로웠고 부인과도 원만한 사이였던 클로도미르는 행복한 가정생활을 누리고 있었다.

그즈음 파리에 머물던 어머니 끌로틸드가 클로도미르를 방문했다. 끌로틸드는 그동안 입 밖에 내지 않았던 자신의 불행한 가족사 얘기를 꺼내며 장남에게 이제 자신의 원수를 갚아줄 시기가 왔다고 말했다.
어머니 끌로틸드와 가장 사이가 좋았던 장남 클로도미르는 어머니의 원수를 갚는 데 앞장서게 된다. 그는 동생 실데베르트와 클로테르까지 불러들여 부르군트 왕국의 원정에 나섰다.

당시 부르군트 왕국은 끌로틸드의 삼촌인 공드보가 죽고 그의 아들 시지스몽(Sigismond, ?~524)이 왕으로 있었는데 그는 외가인 동고트 왕국과의 갈등으로 왕국이 내분에 싸여 있었다.
그러자 시지스몽은 동고트 왕국을 견제할 요량으로 자신의 딸 수아베고타(Suavegothe)를 클로도미르의 이복형 티에리에게 시집보내 결혼동맹을 맺은 상황이었다.

523년 끌로틸드의 세 아들은 대망의 부르군트 왕국 정벌에 나섰다. 이 원정이 성공한다면 어머니의 원수를 갚는 것은 물론이고 부르군트 왕국을 분할하여 비좁은 프랑크 왕국의 영토를 넓힐 수 있기 때문에 아들들은 희망에 부풀어 원정길에 올랐다.

부르군트 왕국과의 전쟁에서 프랑크 왕국의 세 왕들은 반쪽짜리 승리를 거두었다. 전쟁에 패한 부르군트의 왕 시지스몽은 동생 고도마르에게 왕위를 물려주고 자신은 생 모리스 아곤 수도원(Abbaye de Saint-Maurice d'Agaune)으로 피신했다.

끌로도미르가 어머니의 복수가 제대로 이루어지지 않은 것을 문제 삼으며 부르군트 왕국과 재차 전쟁을 벌이려 하자 왕 고도마르는 형 시지스몽과 그의 가족들을 수도원에서 끌어내 끌로도미르에게 넘겨주었다.

오를레앙으로 끌려온 시지스몽 일가는 끌로도미르가 지켜보는 가운데 모두 목이 잘려 처형되었고 그들의 시체는 우물에 던져졌다.

이렇게 하여 끌로도미르는 어머니 끌로틸드의 친정식구가 당한 처형 방식 그대로 복수해 주었다.


어머니의 원수는 갚았으나 손에 쥔 전리품이 없었던 1차 원정 후 끌로도미르는 부르군트 왕국에 대한 2차 원정을 계획했다.

그리하여 그는 두 동생들과 함께 부르군트 왕국과 다시 전쟁을 벌이게 되었다. 그러나 부르군트 왕 고도마르는 의외로 저항이 심했고 오히려 524년 6월 21일에 벌어진 베즈롱스 전투(Bataille de Vézeronce, 524)에서 끌로도미르는 창에 머리가 관통당하여 죽음을 맞이하게 된다.

이 전투에서 승리한 고도마르는 534년 부르군트 왕국이 멸망할 때까지 10년간 부르군트 왕국을 더 다스릴 수 있게 되었다.

클로도미르의 사후 그의 왕국은 어린 세 아들들이 분할 상속할 예정이었다. 끌로틸드가 손자들을 맡아 키우게 되면서 끌로틸드의 두 아들은 불만을 갖게 되었다. 이윽고 셋째 아들 실데베르트는 동생 클로테르를 파리로 초대했고 두 사람 사이에 모종의 계획이 꾸며졌다. 그리고 두 형제는 오를레앙으로 향했다.

실데베르트와 클로테르는 어머니 끌로틸드와 어린 세 조카들을 한자리에 모았다. 그리고 자신들이 형 클로도미르의 왕국을 분할 상속할 것이라는 폭탄선언을 했다. 그리고 클로테르가 먼저 큰 조카 티보를 살해했다. 갑작스럽게 벌어진 일로 일동이 당황한 가운데 티보의 동생 군타르가 삼촌 실데베르트의 발아래 무릎을 꿇고 살려달라고 애원했다.

클로도미르의 아들 티보와 군타르가 삼촌들에게 살려 달라고 애원하는 모습

심성이 약했던 실데베르트가 울음을 터트리자 동생 클로테르가 왜 망설이느냐고 고함을 쳤고, 실데베르트가 칼을 들어 조카 군타르의 목을 베었다.

실데베르트가 망설이던 때에 궁정의 한 신하에 의해 막내 조카인 클로도알드는 급히 궁에서 빼돌려져 노장 수도원에 피신할 수 있었다.

후에 삼촌들이 막내 조카를 찾기 위해 동분서주 했지만 끝내 그를 찾지 못했다고 한다. 삼촌들에게 살해당한 두 조카는 당시 10살, 7살의 어린 아이들이었으며 막내는 3살이었다.


노장 수도원에서 수도사들에 의해 길러진 클로도알드는 이후 스스로 머리를 자르고 왕위계승권을 포기한다고 선언한 후 일생을 하나님에게 헌신하는 수도사의 길을 걸었다. 그리고 그는 훗날 성인으로 추대되어 생 클로(Saint Claud, 522~560)가 되었다.

클로도미르의 미망인 공디오크는 시동생 클로테르의 2번째 부인이 되었다.


## 3. 실데베르트(Childebert, 497~558.12.13.)

실데베르트는 클로비스와 왕비 끌로틸드의 셋째 아들이다. 실데베르트는 아버지의 사망으로 왕국의 수도인 파리를 물려받아 파리 왕이 되었다.

실데베르트는 형 클로도미르와 1차 부르군트 왕국 원정에 참여했었고 2차 원정에서 형이 죽자 조카 군타르를 살해하고 동생 클로테르와 함께 오를레앙 왕국을 분할 점령했다.

클로비스와 끌로틸드의 둘째 아들
실데베르트(Childebert)

531년에 실데베르트는 여동생 끌로틸드(Clothilde, 500~531, 어머니와 이름이 같음)가 시집간 서고트 왕국의 왕 아말라리크(Amalaric)와 전쟁을 벌였다.

끌로틸드는 서고트 왕국과의 평화를 담보하기 위해 어머니에 의해 정략적으로 서고트 왕과 결혼하였으나 종교적으로 맞지 않았던 부부는 사이가 나빴다.

서고트 왕 아말라리크는 정통 기독교에서 이단으로 분류한 아리우스파를 자신의 왕국의 기본 종교로 삼고 있었다. 왕비 끌로틸드는 독실한 로마 기독교도인 어머니의 영향으로 이단의 종교를 받아들일 수 없었고 이 일로 그녀는 남편으로부터 학대를 받았다.

남편의 매질을 견디다 못한 끌로틸드는 오빠 실데베르트에게 자신의 피 묻은 손수건을 보내 남편의 학대 사실을 알리며 구원을 요청했고, 화가 난 실데베르트는 서고트 왕국에 전쟁을 선포했다.

이 원정으로 서고트 왕 아말라리크가 살해당하고 끌로틸드는 남편의 학대에서 벗어날 수 있었다.

534년 실데베르트는 형 클로도미르의 염원이던 부르군트 왕국을 멸망시켜 형의 죽음에 대해 복수했다. 부르군트 왕국에 대한 전리품을 동생 클로테르와 나누는 과정에서 그는 리옹, 마콩, 비엔느, 그르노블 등 론(Rhône)강 상류지방을 차지했다.

2년 후에는 사망한 이복형 티에리의 왕국인 랭스 지역을 차지하기 위해 동생 클로테르와 함께 랭스 왕국을 분할 점령할 계획을 진행 중이었으나 랭스 왕국 귀족들의 반대에 부딪혀 계획은 실패로 돌아갔다.

545년에 어머니 끌로틸드가 투르의 생 마탱 수도원(Collégial Saint-Martin de Tours)에서 사망하자 실데베르트와 클로테르 형제는 어머니의 유해를 파리로 옮겨와 아버지 클로비스가 잠들어 있는 생트 주느비에브 수도원(Abbaye de Sainte-Geneviève)에 안치했다.

실데베르트는 서고트 왕국의 공주로 추정되는 윌트로고타(Ultrogothe, 510~567)와 결혼하여 당대에도 이름이 알려지지 않은 딸만 둘을 두었다.

실데베르트는 어린 조카를 살해한 일 등 많은 과오를 저지른 인물이었지만 '투르의 그레고리우스'에 의하면 실데베르트는 성 빈센트에게 봉헌하는 생 뱅상 수도원(Abbaye de Saint-Vincent)을 파리에 짓도록 했다고 기록했다.

이 생 뱅상 수도원은 그 후 허물어졌지만 이 수도원의 부속교회인 생-제르맹-데-프레(Eglise Saint-Germain-des-Prés) 교회는 현재 파리에서 가장 오래된 교회로 아직도 건재하다.

파리 생 제르맹 데 프레 교회(Eglise
Saint-Germain-des-Prés). 파리
6구에 위치한 생 제르맹 데 프레 교회는
558년 실데베르트에 의해 지어졌다.

실데베르트는 558년 12월 13일에 60세를 일기로 파리에서 숨을 거두었다. 파리 주교 제르맹이 그의 장례식을 주관하였고 6명의 주교들이 참석하여 그의 죽음을 애도했다.

그리고 그의 유해는 생전에 그가 직접 선택한 생 뱅상 수도원 부속교회의 지하 납골당에 매장되었다.

아들이 없이 사망한 실데베르트의 왕국은 동생 클로테르가 차지하게 되었다. 클로테르는 형수인 윌트로고타와 두 딸을 유배 보내고 시테섬을 비롯한 파리지역과 왕실 보물들을 모두 손에 넣게 되었다.

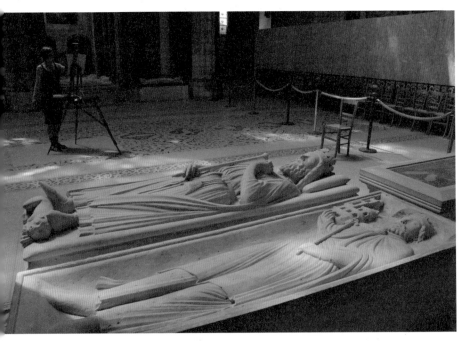

생드니 사원에 나란히 누워 있는 클로비스와 실데베르트의 횡와상. 앞쪽이 실데베르트이고 위쪽이 클로비스이다.

역대 프랑스 왕들의 묘역인 생드니 성당.
현재는 아프리카 이슬람 이민자들의 주거
거점이 되었고 우범지대가 되어가고 있다.

## 4. 클로테르(Clotaire, 498~561.11.29.)

클로테르는 클로비스와 왕비 끌로틸
드의 막내아들이다. 아버지 클로비스가
사망하자 클로테르는 메로빙거 왕조의
수도였던 수아송을 물려받았다.

형제들 중 막내였던 클로테르는 형들
이 군사력을 통한 정복에 쾌감을 느끼고
전쟁을 감행했던 것과 달리, 그는 형들
의 원정에 수동적으로 동참하면서 전리
품을 나눠 갖는 일에 더 관심을 보였다.

클로비스와 끌로틸드의 막내아들 클로테르
(Clotaire)

그 전리품은 토지나 귀한 보물뿐 아니라 결혼동맹으로 인한 영토 확장
이 포함되어 있었다. 그 결과 그는 위의 두 형들에 비해 과도하게 많은 왕
비를 두게 된다.

클로테르의 왕비는 모두 6명이었는데 이는 일부일처제를 독려하는 기
독교의 성직자들로부터 질책을 받는 결과를 낳았다.

그래서 클로테르의 여섯 번째 왕비인 롬바르디아 공주 불데트라드
(Buldetrade)는 랭스 주교 레미의 호된 질타를 받은 클로테르가 하는 수 없
이 바이에른 지방의 초대 공작인 가리발드(Garibald de Bavière)에게 다시
시집보내는 촌극으로 이어지게 된다.

클로테르는 작센과의 전쟁에서 승리한 후 작센공주 앙공드(Ingonde)를 첫째 부인으로 삼은 이후 큰 형의 왕국인 오를레앙을 접수한 후에는 형수 공디오크(Gondioque)를 두 번째 부인으로 삼았다.

첫째 부인 앙공드가 자신의 어린 동생 아르네공드(Arnegonde)를 위해 클로테르에게 돈 많고 유능한 신랑감을 찾아봐 달라고 부탁하자 그는 신랑감을 수소문하는 척하다가 자신보다 더 나은 신랑감을 찾지 못했다면서 어린 처제까지 자신의 세 번째 왕비로 삼았다.

그리고 이름만 알려진 쉥진(Chunsine)이라는 여인이 네 번째 왕비가 되었으며, 다섯 번째 왕비로는 튀링겐 정벌 때 포로로 잡아온 튀링겐의 공주 라데공드(Radegonde)가 있다.

여섯 번째 왕비는 조카 메츠 왕국의 왕 티보의 미망인이며 롬바르디아 왕국의 공주인 불데트라드(Buldetrade)가 있다.


이 여섯 명의 왕비들 중 다섯 번째 왕비인 라데공드는 다른 왕비들과는 사뭇 다른 여인이었다.


### 라데공드 이야기

튀링겐 왕국이 프랑크 왕국과의 전쟁에서 패하자 튀링겐의 공주 라데공드(Radegonde, 520년경~587.8.13.)는 전쟁포로가 되어 클로테르의 수아송 왕국으로 이송되었다. 당시 그녀의 나이는 11살이었다.

라데공드는 클로테르의 첫째 부인 앙공드의 시녀가 되어 궁정에서 생활하게 되었다. 독실한 기독교 신자였던 앙공드는 라데공드의 삶에 많은 영향을 끼쳤다. 앙공드는 라데공드를 친딸처럼 예뻤했고 그녀가 성서를 읽을 수 있도록 라틴어를 가르쳐 주었다.

세월이 흘러 18세의 아리따운 처녀로 성장한 라데공드를 눈여겨보고 있던 수아송 왕 클로테르는 그녀를 자신의 왕비로 삼고 싶어 했다.

그가 노예 신분의 라데공드를 첩으로 삼지 않고 정식으로 결혼식까지 올려 공식왕비로 인정해 준 것은 클로테르로서는 대단한 인내심과 나름 엄청난 관용을 베푼 사건이었다. 이렇게 하여 클로테르의 다섯 번째 왕비가 된 라데공드는 왕비라면 당연히 입어야 할 화려한 의상을 절대 입지 않았으며 왕비보다는 수녀라고 하는 게 더 잘 어울릴 정도로 항상 단색의 절제된 옷차림만 고집하였다. 그리고 그녀는 음식 낭비를 몹시 싫어하여 자신을 위해 준비되는 만찬을 가난한 사람들에게 나누어 주라고 늘 말했다.

그녀는 남편 클로테르와 되도록 마주치지 않기 위해서 개인적인 시간을 보내기 위한 변명거리를 늘 찾았다. 그렇게 하여 그녀는 혼자 있는 시간에는 늘 시편을 암송했으며 자신의 개인 예배당의 차디찬 바닥에 엎드려 밤늦도록 기도하다 얼어 죽을 지경에 이르러서야 침실에 들곤 했다.

그리고 방에 들어와서도 그녀는 왕을 피해 침대에 눕지도 않았고 벽난로에서 몸을 녹이지도 않았다. 그녀의 거듭된 이런 태도는 급기야 왕을 불쾌하게 했다.

라데공드의 신념은 왕보다는 하나님이 우선이었는데 이에 소외감을 느낀 왕의 참을성이 한계를 넘자 클로테르는 왕비를 괴롭히기 시작했다. 그러던 중 라데공드의 오빠 헤르만 프레도(Hermanfred)가 클로테르의 명령으로 살해당하는 일이 벌어졌다. 라데공드는 살인자를 남편으로 섬길 수 없다며 그를 떠나기로 결심한다.

우선 그녀는 가족을 잃은 슬픔을 신께 기도하며 치유하겠다고 왕의 허락을 얻어 푸아투(Poitou)에 있는 왕실 빌라로 떠났다. 1년쯤 지났을 때 라데공드는 남편 클로테르가 자신을 다시 왕궁으로 불러들이려 한다는 말을 전해 들었다.

남편 곁으로 다시 돌아갈 생각이 추호도 없었던 그녀는 영원히 남편에게 돌아가지 않을 방법을 고심했다. 그리고 그 해결 방법은 그녀가 수녀가 되는 길밖에 없다는 것을 알았다. 그녀는 수녀가 되기 위해 급하게 푸아투에 있는 노트르담 수녀원에 들어갔다.

552년에 라데공드는 예수님의 십자가 일부를 기부 받은 기념으로 푸아티에에 성 십자가 수녀원(Abbaye Sainte-Croix de Poitiers)을 세웠다. 그 수도원은 클로테르가 하사한 토지 위에 세워졌다.

라데공드 교회 내부

그녀가 같은 해 10월 25일, 막 건축된 수녀원에 들어갈 때는 이미 그녀의 명성을 듣고 전국 각지에서 모여든 수많은 처녀들이 그녀와 함께하기 위해 수녀원으로 들어갔다. 이 수녀원의 규율은 엄격하기로 유명했다. 이탈리아 출신의 뛰어난 시인이며 후에 푸아티에 주교를 역임한 베난시오 포르투난토(Venance Fortunat)는 라데공드와 평생에 걸쳐 우정을 나눈 친구로 그는 후에 『라데공드의 전기』를 쓰기도 했다.

일생을 하나님께 헌신하는 삶을 살았던 성녀 라데공드는 587년 8월 13일 67세를 일기로 푸아티에 수녀원에서 숨을 거두었다. 그녀의 축일은 매년 8월 13일이다. 현재 그녀의 무덤은 생트 라데공드 교회(Eglise Sainte-Radegonde) 지하에 모셔져 있다. 라데공드는 푸아티에의 수호여신이며 성녀 주느비에브에 이어 프랑스의 두 번째 수호여신이다.

100년 전쟁 당시 푸아티에 성에 피신해 와 있던 프랑스 왕 샤를 7세는 자신의 첫째 딸 이름을 라데공드(Radegonde de France, 1428~1445)로 지어주었다. 『프랑크 연대기』를 쓴 '투르의 그레고리우스'는 자신이 성녀 라데공드의 장례식에 참석했었다고 기록했다.

라데공드 교회 지하 납골당에 모셔진 라데공드의 묘

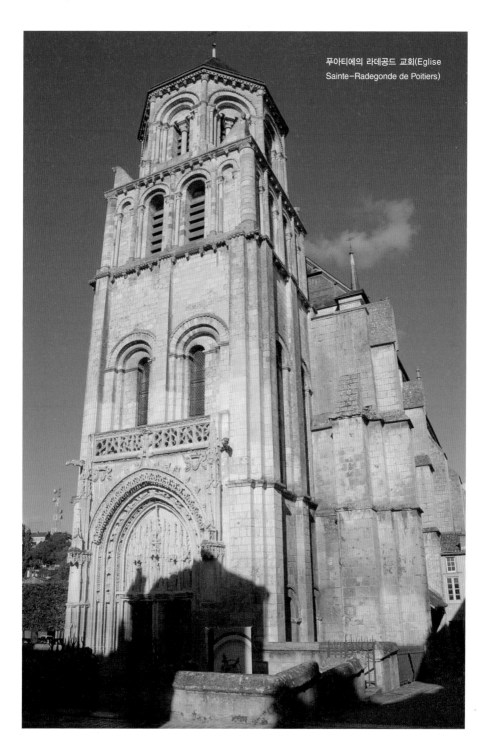

푸아티에의 라데공드 교회(Eglise
Sainte-Radegonde de Poitiers)

클로테르는 끌로틸드의 아들 중 가장 폭력성이 강하고 무자비한 성격의 소유자였다. 또한 그는 두 형들에 비해 정치적으로 가장 무능한 왕이었다. 그럼에도 그가 아버지에 이어 통합 프랑크 왕이 될 수 있었던 건 단지 그가 형들보다 오래 살았기 때문이다.

534년에 클로테르는 형 실데베르트와 함께 부르군트 왕국을 멸망시키고 론강 하류지방(브리앙송, 시스테롱, 아비뇽, 카바이용) 등 리옹 남부지방을 점령했다.

또 531년에는 여동생 끌로틸드를 구하기 위해 형과 함께 서고트 왕국을 공격하여 팜플로냐와 사라고사 지방을 할당 받기도 했다. 클로테르는 561년 지병인 폐결핵이 악화되어 60세를 일기로 수아송에서 사망했다.

그가 죽기 전 마지막으로 남긴 말은 "지상의 가장 강한 왕을 데려가는 천상의 왕은 과연 누구인가?"였다고 한다.


클로테르 사후, 통합 프랑크 왕국은 그의 네 명의 아들들에 의해 다시 분할 상속되었다.

첫째 부인인 앙고메르의 자식들인 장남 카리베르트(Caribert, 521~567)는 솜에서 피레네에 이르는 영토, 즉 파리와 아키텐 지방 그리고 프로방스를 상속받았다.

차남 실페리크(Chilpéric, 526~584)는 왕국의 북부지역인 수아송을, 셋째 아들인 군트람(Gontram, 532~593)은 부르군트 지역과 오를레앙을, 막내아들인 시즈베르트(Sigebert, 535~575)는 랭스와 메츠를 각각 상속받았다.

## 5. 끌로틸드(Clotilde, 500~531)

끌로틸드는 클로비스와 왕비 끌로틸드의 외동딸이다. 끌로틸드가 태어난 곳은 알려져 있지 않았다. 그녀는 어머니의 이름을 물려받았다.

아버지 클로비스가 사망한 후 오빠들과 프랑크 왕국을 분할 상속하는 과정에서 그녀도 뚤루즈 왕국을 상속받았다.

526년에 그녀는 서고트 왕국의 아말라리크 왕과 평화협상을 맺으며 정략결혼을 하게 되었다.

그녀는 정통 카톨릭 교도였고 이교도였던 남편과의 종교적 갈등으로 부부 사이가 원만하지 못했다. 끊임없이 남편으로부터 학대를 당하던 끌로틸드는 오빠 실데베르트에게 도움을 청했고 급기야 프랑크 왕국과 서고트 왕국 간의 전쟁이 그녀로부터 촉발되었다. 이로 인해 아말라리크가 암살당하고 서고트 왕국은 분열되었다.

그러나 끌로틸드는 오빠의 왕국으로 귀환 도중 사망하였다. 그녀는 아버지 클로비스가 매장되어 있던 파리의 생트 주느비에브 수도원에 묻혔다.

# 5.

# 발렌티나 비스콘티

## (Valentine Visconti, 1368~1408.12.4.)

"그녀의 결혼 혼수가 유럽을 전쟁에 빠뜨리다"

VALENTINE DE MILAN

발렌티나 비스콘티는 이탈리아 밀라노의 비스콘티 가문의 영지인 파비아 성에서 1366년 또는 1368년에 태어났다. 그녀는 4살에 어머니를 여의고 두 남동생들도 돌이 지나기 전에 죽는 바람에 외로운 어린 시절을 보냈다. 그러나 발렌티나는 교양 있고 우아한 여성이었던 할머니 블랑슈 드 사보아(Blanche de Savoie, 1336~1387)의 보살핌으로 귀족 공녀의 위치에 걸맞은 교육을 받으며 성장했다.

발렌티나의 어린 시절에 대한 기록이 자세히 남아 있지 않기 때문에 파비아 성에서 보낸 그녀의 유년시절 이야기는 다만 상상이나 추론일 수밖에 없다. 하지만 웬만한 남성보다 당차고 수도승처럼 엄격한 성격의 할머니 밑에서 자랐기 때문에 발렌티나의 성격 형성에 할머니가 많은 영향을 주었으리라고는 미루어 짐작해 볼 수 있다.

일찌감치 발렌티나는 프랑스 왕 샤를 5세의 차남 루이와의 혼인이 정해져 있었다. 1387년 4월 8일 밀라노에서 두 사람의 대리혼이 치러졌지만 정식 결혼은 발렌티나의 할머니 블랑슈 드 사보아가 사망한 후에야 치를 수 있었다.

대리혼이 치러진 2년 후인 1389년 8월 17일 발렌티나는 투렌공작 루이(Duc de Touraine, Louis, 1372~1407)와 믈룅(Melun)에서 결혼식을 올렸다.

발렌티나의 어머니 이자벨 공주가 프랑스 왕 샤를 5세의 막내여동생이니, 샤를 5세는 발렌티나의 외삼촌이면서 시아버지가 되고 남편 루이는 사촌이 된다.

발렌티나의 아버지 장 갈레아초 비
스콘티(Jean Galéas Visconti) (좌)

발렌티나의 어머니 프랑스의 이자
벨 공주(Isabelle de France) (우)

발렌티나는 결혼할 당시(1366년생일 경우) 23살로, 당시의 결혼 연령으
로는 상당히 늦은 나이였고 신랑 루이는 17살이었다. 이 두 사촌 간의 결
혼은 그 후 역사에 기록되는 많은 사건들을 불러일으키는 배경이 된다.

발렌티나의 어머니 이자벨 공주(Isabelle de France, 1348~1372)는 프랑스
왕 장 2세(Jean II, roi de France)와 그의 첫 번째 왕비인 본 드 룩셈부르크
(Bonne de Luxembourg) 사이에 낳은 11명의 자녀 중 막내딸로, 1348년 파
리 외곽 방센 성(Château de Vincenne)에서 태어났다.

이자벨 공주는 1360년 밀라노 군주 갈레아초 2세(Galéas II Visconti)의
아들 장 갈레아초 비스콘티(Jean Galéas Visconti, 1351~1402)와 결혼했다.
결혼 당시 이자벨은 12살, 장 갈레아초는 9살의 어린 아이였으며 이토
록 어린 아이들을 서둘러 결혼시켜야 할 만큼 당시 프랑스 왕실의 사정
은 급박했다.

풍텐블로에서 약 20km 떨어진 도시 믈룅(Melun)
은 위그카페(Hugues Capet)가 백작령으로 승격
시킨 후 카페왕조의 왕들이 즐겨 거주하던 곳이다.

당시 프랑스는 잉글랜드와의 백년전쟁으로 나라 전체가 혼란스러운 때였고 설상가상으로 푸아티에 전투(Bataille de Poitiers, 1356)에서 장 2세가 잉글랜드의 흑태자 에드워드(Edward d'Angleterre, Prince de Noir)에게 사로잡혀 영국으로 압송되는 사태까지 벌어진 상황이었다.

브레티니(Brétigny)에서 합의된 장 2세의 보석금 문제로 프랑스는 절망에 빠졌다. 나라에 돈이 없었기 때문이었다. 잉글랜드 왕 에드워드 3세는 프랑스 왕 장 2세를 풀어주는 대가로 총 100만 에퀴의 보석금을 내라고 명령했다.

그러나 일단 60만 에퀴를 먼저 내면 왕을 풀어주겠고, 나머지 40만 에퀴는 1년 후에 지불하라는 자비를 베풀었다. 다만 보석금의 잔금이 지불될 때까지 프랑스의 왕자들을 인질로 잡고 있겠다고 했다.

그러나 프랑스 왕세자 샤를은 아버지의 보석금을 가까스로 국민들에게서 모금한 40만 에퀴밖에 마련하지 못했다. 궁여지책으로 프랑스는 부유한 밀라노 공국과의 결혼협상을 추진했다. 당시 밀라노 제후 갈레아초 2세는 동생 바르나베 비스콘티와 롬바르디아 공국을 공동통치 하고 있었다. 그러나 아무리 부유한 공국이라 할지라도 비스콘티 가문은 서유럽의

샤를 5세(Charles V, roi de France). 발렌티나의 시아버지이며 외삼촌이다.

기독교 사회에서 가장 강력한 왕국인 프랑스 왕가와 사돈이 되기에는 부족한 게 사실이었다.

어쨌든 돈으로 가문의 신분상승을 노렸던 갈레아초 2세는 60만 에퀴를 선뜻 프랑스 왕실에 선물했고 그 돈으로 프랑스는 보석금의 첫 분할금을 냈고 왕은 포로생활에서 풀려날 수 있었다.

그러나 프랑스는 이자벨 공주의 결혼지참금을 마련할 여력도 없어 상파뉴 백작령의 일부를 떼어내어 베르튀 백작령(Comte de Vertus)이라 이름 지었다. 그리고 이 명목상의 백작령을 이자벨의 혼수로 조성했다.

이자벨은 태어난 지 1년도 안 되어 어머니 본 드 룩셈부르크를 잃고 어머니의 얼굴도 기억하지 못한 채 어린 시절을 보냈다. 그리고 12살의 어린 나이에 나이든 아버지와 형제자매들 곁을 떠나 머나먼 이탈리아로 시집갔다.

이자벨은 선천적으로 몸이 약했음에도 장 갈레아초와의 사이에 2남 1녀를 낳았다. 그녀는 첫째 딸 발렌티나를 낳은 다음, 어렵사리 낳은 장남 아쪼네를 1372년에 잃었으며 같은 해 가을에 샤를을 낳다가 1372년 9월 11일 24살의 젊은 나이에 산후 과다출혈로 사망했다.

발렌티나의 시어머니인 부르봉 공작녀 잔. 잔의 가계에는 대대로 정신병력이 있었고 그녀의 정신병은 장남 샤를 6세가 그대로 물려받았다.

발렌티나의 남편 루이 도를레앙(Louis d'Orléans)의 기마상.
기마상이 서 있는 곳은 루이 도를레앙이 건축한 피에르퐁 성(Château de Pierrefonds)

생드니 성당 왕실묘역에 나란히 누워 있는 샤를 5세(Charles Ⅴ)와
왕비 잔 드 부르봉(Jeanne de Bourbon)의 횡와상(Gisant). 두 사람은 발렌티나 비스콘티의 시부모이다.

발렌티나는 아버지 장 갈레아초가 첫 번째 부인인 이자벨과의 사이에서 낳은 자녀들 중 살아남은 유일한 자식이었다. 그래서 발렌티나가 결혼지참금으로 프랑스로 가져간 혼수목록에는 장차 비스콘티 가문에 남자 후계자가 없을 경우 그녀가 밀라노 공국을 물려받는다는 문서가 포함되어 있었다. 그런 이유로 훗날 프랑스 왕이 된 그녀의 후손들(루이 12세와 프랑소와 1세)은 그 밀라노 공국의 상속권을 주장하며 밀라노를 침공하는 구실로 할머니의 결혼혼수를 내세우게 된 것이다.

발렌티나가 프랑스로 시집올 당시의 프랑스 왕국은 잉글랜드와의 백년전쟁이 아직 한창이던 시기였고, 그녀에겐 시아주버니가 되는 샤를 6세는 정신병을 가진 군주로 위태로운 왕권을 이어가고 있는, 풍전등화의 국가였다.

12살에 프랑스 왕이 된 샤를 6세를 대신해 프랑스 국정은 그의 삼촌들이 조카의 섭정을 맡고 있었는데 그중 막내삼촌인 부르고뉴 공작 필립 2세(Philippe Ⅱ, duc de Bourgogne)가 권력의 실세였다.

발렌티나의 남편 루이는 왕의 하나뿐인 동생이었고 이 형제는 사이가 매우 좋았다. 또 발렌티나의 시아주버니 샤를 6세는 동갑내기 사촌이며 제수씨인 발렌티나를 엄청 좋아해 그녀를 자주 궁전으로 불렀고 그녀와 담소를 나누며 차를 마시는 시간을 하루의 낙으로 여길 정도였다.

1392년 루이가 오를레앙 공작 작위를 받자 발렌티나도 오를레앙 공작 부인이 되었다. 발렌티나의 남편 루이 도를레앙은 활기차고 명랑한 성격으로 왕국의 왕자로서의 삶을 거리낌 없이 누리고 싶어 했다.

그는 화려한 파티를 좋아하고 늘 멋진 옷차림으로 사람들에게 나서기를 좋아했으며 또한 여러 명의 여자들과의 스캔들로 구설에 올랐다.

또한 그는 파리에 여러 채의 고급 호텔들을 지었고 왕실 사냥터인 콩피에뉴 숲 근처에 피에르퐁(Pierrefonds) 성을 건축하는 등 사치스러운 생활로 인해 점점 파리 시민들로부터 비난을 받게 되었다.

사실 이 시기가 왕국의 태평성대 시절이었다면 왕자의 사치쯤이야 그다지 문제될 것이 없었겠지만 당시 프랑스는 잉글랜드와의 오랜 전쟁으로 인해 국민들의 삶이 극도로 피폐해져 있었고, 이미 한 차례 지나갔다고는 하나 유럽 전역을 강타한 페스트로 프랑스 전 국민의 3분의 1 이상이 사망한 지 40년이 채 되지 않은 비참한 시기였다.

바이에른의 이자보(Isabeau de Bavière).
프랑스 왕 샤를 6세의 왕비이며 발렌티나
와는 6촌간이다.

샤를 6세(Charles Ⅵ, roi de France)

발렌티나는 남편의 사치스럽고 방탕한 생활을 못마땅해 했다. 그녀는 외향적인 남편과 달리 조용한 성격에 절제된 행동이 몸에 밴 정숙한 여인이었다.

발렌티나가 남편 곁에서 화려한 파리 생활을 한 건 6년에 불과하다. 그녀는 그럼에도 남편을 사랑했으므로 그를 이해해주었고 또 사실 이 부부는 금슬이 좋았다.

그러나 점점 남편의 주변 상황이 정치적으로 위태롭고 폭력적인 상황으로 치닫자 발렌티나는 파리 생활에 환멸을 느끼고 오를레앙 공작령인 투렌 지방으로 내려갔다.

파리를 떠나는 발렌티나 비스콘티의 행렬. 푸루아사르의 연대기(Chroniques de Froissart)에 삽입된 채색화

그녀는 이제 갓 돌이 된 첫아들 샤를을 무엇보다 잘 교육시키고 싶어 했고 아들에게 온 힘을 쏟으며 사랑으로 기르기 위해서는 조용한 전원 생활을 택해야만 했다. 이렇게 해서 부부는 자연스레 떨어져서 생활하게 되었다.

아내와 아들이 떠나자 루이는 파리에 홀로 남겨졌다. 그의 정치적인 입장은 파리를 떠날 수 없었고 정신병에 걸린 하나뿐인 형의 왕좌는 위태롭기 그지없었기 때문에 루이는 형 곁에서 그를 보좌해야만 했다.

루이 도를레앙 공작은 프랑스 왕 샤를 5세(Charles Ⅴ, roi de France)와 왕비 잔 드 부르봉 사이에 낳은 9명의 자녀들 중 7번째 자식이었으며 아들로는 막내였다.

루이의 아버지 샤를 5세는 '현명 왕'이라는 별칭답게 무인기질의 아버지 장 2세와 달리 문치를 중시한 왕으로, 프랑스를 문명국에 오르게 한 인물이었다.

또 그는 오랜 세월 동안 프랑스 왕국의 문장이었던 수많은 백합문양의 프랑스 왕국 문장을 단순화시킨 왕이기도 했다.

또 루이의 어머니 잔 드 부르봉(Jeanne de Bourbon)은 남편 샤를 5세와 5촌간으로 그녀는 왕비 시절 이미 정신이상 증세를 보였었다.

잔의 친정인 부르봉 가문은 대대로 정신병을 유전인자로 갖고 있었고 왕비의 장남 샤를의 정신병은 외갓집에서 물려받은 것이다. 그럼에도 샤를 5세와 왕비 잔은 무척 사이좋은 부부였다.

부모가 모두 사망하자 왕세자 샤를과 동생 루이는 끈끈한 형제애로 서로를 더욱 의지하며 지냈다. 샤를이 12세에 왕위에 오르자 어린 조카를 대신해 작은 아버지들이 돌아가며 왕국의 섭정을 하게 되었다. 그중에서도 막내 작은아버지인 부르고뉴 공작 필립 2세(Duc de Bourgogne Philippe Ⅱ, 1342~1404)가 왕실의 실세로 자리 잡았다.

날이 갈수록 부르고뉴 공작의 권력은 막강해졌으며 조카 샤를 6세의 신붓감도 그가 직접 독일에서 데려왔다.

루이 도를레앙도 점차 삼촌인 부르고뉴 공작의 막강한 권력을 견제하고자 오를레앙파의 수장이 되어 자신의 세력들을 점차 규합시켜나갔다.

루이는 형 샤를 6세(Charles Ⅵ, roi de France, 1368.12.3.~1422.10.21.)의 왕권을 보호해야 했고 삼촌인 필립 2세가 사망하고 새로 부르고뉴 공작이 된 사촌 장 1세는 그의 아버지보다 더한 권력을 프랑스에서 구축하고자 했다. 이렇게 되자 프랑스 왕국은 부르고뉴파와 오를레앙파로 나뉘어 팽팽한 라이벌 구도를 형성하게 되었다.

1392년 찌는 듯한 8월의 어느 날, 샤를 6세는 원정대를 이끌고 부르타뉴로 향하고 있었다. 그 원정길은 프랑스 군대 총사령관인 올리비에 드 클리쏭(Olivier de Clisson)을 암살하려는 음모의 주동자 피에르 드 크라옹(Pierre de Craon)을 숨겨주고 있다고 의심받는 부르타뉴 공작 장 4세(Duc de Bretagne, Jean Ⅳ)를 잡아들이기 위한 원정길이었다.

동생 루이 도를레앙도 형과 함께 이 원정길에 동행했다. 르 망(Le Mans)의 숲을 빠져 나온 왕의 행렬에 갑자기 누더기를 걸친 한 노인이 나타나 왕에게 "더 이상 앞으로 나아가지 마시오. 당신은 배신 당했습니다"라고 소리치며 계속 따라오고 있었다.

당시 왕의 행렬은 매우 느린 속도로 움직이고 있었고 강하게 내리쬐는 한여름의 햇살 때문에 모두들 말 위에서 졸고 있었다.

피에르퐁 성(Château de Pierrefonds), 1396년 발렌티나의
남편 루이 도를레앙이 오아즈(Oise) 지방에 건설한 성이다.

그때 왕의 시종이 들고 있던 창을 놓쳐 앞의 근위병의 투구에 떨어져 요란한 소리를 내자 소란이 일어났다. 때마침 말 위에서 졸고 있던 왕이 깨면서 갑자기 미친 사람으로 돌변했다. 샤를 6세는 칼을 뽑아 자신을 따르던 수행원들을 닥치는 대로 찌르며 이것은 '음모'라고 울부짖었다.

이 광경을 옆에서 본 루이 도를레앙은 급히 말을 돌려 파리로 도망쳤다. 왕은 6명의 시종들을 죽이고 나서야 왕실근위병들에 의해 가까스로 진정되었다.

샤를 6세는 마차에 묶였고 정신을 잃었다. 이날 이후 샤를 6세는 그의 재위기간 내내 미친 상태와 정상인 상태가 번갈아 진행되는 악순환을 겪게 되었다. 24살에 처음 발병하여 53살에 사망할 때까지 30년 동안 지속된 샤를 6세의 기나긴 재위는 프랑스 왕국을 더욱더 위태롭게 만들었다.

샤를 6세는 자신이 유리로 만들어졌다고 철석같이 믿어 소들이 끄는 마차를 탈 때도 쿠션을 잔뜩 깔고 이동했다. 그는 자신이 깨지지 않기 위해서 말을 타지도, 궁전에서 발로 걸어 다니지도 않았다.

전쟁 중인 국가의 왕이 미치광이가 되자 프랑스는 걷잡을 수 없는 혼란에 빠졌다. 삼촌 부르고뉴 공작 필립 2세의 섭정에서 벗어나 샤를 6세가 친정을 하게 되었을 때 그는 총명하고 영민한 왕으로서의 자질을 충분히 보였었다. 그러나 그는 어머니 잔 드 부르봉의 가족력을 직격탄으로 맞으며 점점 왕실 내에서 부담스러운 존재로 각인되며 위태로운 왕위를 보존하게 되었다.

샤를 6세는 발작 증세가 멈추면 늘 사촌이며 제수씨인 발렌티나를 찾았다. 후대의 호사가들이 두 사람이 무슨 불륜관계인 것처럼 애깃거리를 만들어 내기도 했지만 두 사촌간의 우정과 연민은 그런 차원이 아니었다.

발렌티나는 교양 있고 정숙한 몸가짐으로 프랑스 궁정 사람들로부터 사랑을 받고 있었으며 자신의 동서이며 육촌간인 왕비 이자보(Isabeau de Bavière, 1371~1435) 보다 더 왕비다운 면모를 갖추고 있었다.

반면, 바이에른 출신의 왕비 이자보는 프랑스어를 할 줄 몰랐으며 남편 샤를 6세가 발병하기 전 이미 그녀의 시종과 불륜을 저지르는 등 행실이 나빠 궁에서 한 차례 쫓겨난 전력도 있었다.

왕비는 정신착란 증세를 보이기 시작한 왕을 대신해 정치에 문외한인 채로 왕국의 섭정 일을 보게 되었다. 그러나 그녀는 자신의 왕비로서의 명예를 생각하지 않고 친정인 바이에른에 왕실 보물들과 국고를 빼돌리는 데에만 혈안이 되어 있었다.


그녀가 생전에 프랑스에 끼친 막대한 해악은 훗날 아들 샤를 7세에 의해 프랑스 왕비들 중 가장 수치스러운 장례식으로 되돌려 받게 된다.

샤를 6세는 궁을 찾은 발렌티나에게 울면서 자신의 고통을 호소했고 발렌티나는 늘 부드러운 눈빛으로 사촌의 고통을 어루만져 주었다. 전부터 두 사람은 말이 잘 통하고 죽이 잘 맞는 사이여서 샤를 6세는 그녀에게 국정일을 자주 의논했으며 자신의 개인적인 일까지 모두 공유했다.

그만큼 샤를 6세는 왕비 이자보보다 제수씨 발렌티나에게 많이 의지하고 있었다.

1394년, 발렌티나와 루이 도를레앙은 결혼 5년 만에 첫아들 샤를을 어렵사리 낳았다. 그리고 그즈음 샤를 6세는 부르고뉴 공작 필립 2세가 적극 주선해 왕실에 들여보낸 오데뜨 샹디베르(Odette Chamdibert)라는 아름다운 처녀에게 빠져 있어 발렌티나는 이제 왕의 잦은 호출에서 어느 정도 자유로울 수 있었다.

어렵게 낳은 아들을 잘 키우고 싶었던 발렌티나는 파리를 떠나 오를레앙의 영지인 투렌 지방으로 자식들을 데리고 이사했다. 남편 루이는 파리에 홀로 남았다.

피에르 퐁 성. 콩피에뉴(Compiègne)에서 20km 정도 떨어져 있다. 1393년경 사냥터로 쓰이던 작은 성에 루이 도를레앙이 증축을 명하여 오늘날의 모습을 갖추었다.

셋째 아들 장과 막내딸 마르그리뜨의 터울이 7년이라는 것은 이 시기 (1399~1405)에 부부가 거의 별거에 들어간 것과 다름없었다는 이야기이다. 파리를 떠난 발렌티나는 거의 오를레앙 영지에서만 지냈으며 루이 도를레앙은 파리에서만 생활하며 자신의 영지로 오지 않았다는 것을 의미한다.

부부가 마지막으로 만난 것은 루이 도를레앙이 사망하기 1년 전 인 1406년이고, 발렌티나는 딸 마르그리뜨를 돌보며 평화로운 전원생활을 누리고 있었다. 그러나 이듬해인 1407년 11월 23일, 그녀는 하늘이 무너지는 비보를 듣게 된다. 그것은 남편이 파리 시내에서 사촌인 부르고뉴 공작 장 1세의 사주를 받은 일련의 무리들로부터 공격을 받아 처참하게 살해당했다는 전갈이었다.

발렌티나는 남편의 암살사건에 관한 재판 진행 과정을 참관하기 위해 두 번 파리를 방문했다. 그리고 그녀는 루이가 사망한 지 1년이 지난 1408년 12월 4일 남편의 뒤를 따랐다. 그녀의 나이 41세 때였다. 많은 역사가들은 그녀의 사망 원인을 '사별로 인한 슬픔' 때문이라고 기록했다.

발렌티나 비스콘티는 루이 도를레앙과의 사이에서 4명의 자녀를 두었다. 샤를 8세 이후의 프랑스 왕들은 모두 그녀가 낳은 후손들이었다.

발렌티나는 루이 12세의 친할머니이며 프랑소와 1세의 증조할머니이다. 그리고 샤를 8세와 루이 12세의 왕비인 안 드 부르타뉴는 그녀의 외증손녀이다. 발렌티나 비스콘티는 블로아 성에서 사망한 후 남편 루이 도를레앙이 매장되어 있는 파리의 셀레스탕 수도원에 매장되었다.

생드니 사원. 발렌티나 비스콘티 부부와 두 아들의 묘

그러나 그 후 부부의 묘는 생드니 사원으로 이장되었으며 현재는 발렌티나의 우측에 남편 루이 도를레앙 그리고 좌측 하단에 둘째 아들 필립 도를레앙, 우측 하단에 장남 샤를 도를레앙과 함께 잠들어 있다.

발렌티나 비스콘티와 루이 도를레앙의 가족묘를 나타내는 푯말

## 루이 도를레앙의 암살

1404년 부르고뉴 공작 필립 2세가 죽고 그의 아들 장 1세(Jean Ⅰ, duc de Bourgogne)가 부르고뉴파의 우두머리가 되었다. 그러나 그는 아버지와 비교하여 모든 면에서 역량이 못 미치고 있었기 때문에 루이 도를레앙은 자신이 가진 권력의 고삐를 늦추지 않았다. 그는 프랑스 왕실에서 왕의 하나뿐인 동생으로서의 자신의 위치와 자신의 측근들의 입지를 강화해 나갔으며 왕비 이자보의 지원으로 장 1세의 측근들을 제거하고 자신의 측근들을 왕실회의에 대거 배치했다.

그러나 루이 도를레앙은 그의 낭비벽과 거듭된 여성들과의 스캔들로 인해 점점 파리 시민들로부터 인심을 잃어가고 있었다. 그의 추락해 가는 인기에는 장 1세가 다분히 부정적인 여론을 형성했음은 의심의 여지가 없었다.

루이 도를레앙의 암살
장면을 묘사한 채색
화. 1470?~1480?,
파리. BnF

루이 도를레앙의 채색
인물화 (우)

장 드 부르고뉴(Jean
de Bourgogne). 부
르고뉴의 용맹공 장의
초상화. 루브르 박물
관 소장 (좌)

그러나 루이 도를레앙은 그의 낭비벽과 거듭된 여성들과의 스캔들로 인해 점점 파리 시민들로부터 인심을 잃어가고 있었다. 그의 추락해 가는 인기에는 장 1세가 다분히 부정적인 여론을 형성했음은 의심의 여지가 없었다.

장 1세의 입장에서는 루이 도를레앙이 영국과 프랑스 간의 휴전을 깨려는 의도가 있어 보였다. 게다가 루이가 영국의 헨리 4세에게 결투를 신청하기도 했었기 때문에 장 1세로서는 루이를 더는 두고 볼 수가 없었던 것이다. 만일 영국이 양모수출금지령인 엠바고(Embargo)를 발령한다면 플랑드르 지방의 양모산업은 파산할 것이고 부르고뉴 공국령의 주 산업인 저지대의 제조업이 커다란 타격을 입을 것은 불을 보듯 뻔한 일이었기 때문이다.

이러한 사정으로 1407년 6월 말경부터 장 1세는 사촌 루이 도를레앙을 암살하려는 계획을 세우고 있었다.

같은 해 8월 8일, 장 1세는 라울 당크통빌(Raoul d'Anqueton ville)이라는 암살자를 100에퀴에 포섭했다. 그리고 그는 자신의 최측근인 루댕(Lourdin)에게 1,500에퀴를 주어 비밀리에 파리로 잠입하게 했다. 그리하여 '푸시에'라는 사람이 운영하는 노트르담 호텔을 빌려 거사 일까지 그곳을 암살범들의 은신처로 사용했다.

11월 23일, 루이 도를레앙은 며칠 전 출산한 왕비 이자보를 방문하기 위해 그녀가 머무르고 있던 호텔 바베뜨(L'Hôtel Barbette)에 들렀다. 형수 이자보는 이 호텔에서 그녀의 열두 번째 자녀인 필립을 낳고 산후 조리중이었다.

왕의 시종이자 이 음모에 가담한 토마 드 꾸르튜즈(Thomas de Courteheuse)가 저녁 8시쯤 호텔로 와서 샤를 6세가 급히 부른다고 루이 도를레앙에게 알렸다. 전갈을 받은 공작은 곧바로 왕이 있는 생 폴 호텔로 가기 위해 길을 나섰다.

루이 도를레앙은 파리에 600명의 군사를 거느리고 있었음에도 불구하고 그날 밤 그를 수행한 사람들은 열 명이 채 되지 않았다. 한마디로 그의 주변은 무방비 상태였다.

자신에게 무슨 일이 생길지 꿈에도 몰랐던 공작은 비에이유-뒤-땅플르 거리(Rue de Vieille-du-Temple)를 지나고 있었다. 스무 명 정도의 수상한 남자들이 건물 그림자에 숨어 그가 지나가기를 기다리고 있었다.

이들을 이끈 라울 당크통빌은 신호가 내려지자 공작을 수행한 수행원들을 먼저 덮쳤다. 그러고는 노새에 타고 있던 공작을 끌어내리고 도끼로 그의 손을 잘랐다.

놀란 그가 "나는 오를레앙 공작이다!"라고 소리쳤다. 그러자 어둠속에서 "우리가 찾는 사람이 바로 너다!"라는 대답이 들려왔다.

암살자들은 도끼로 순식간에 공작의 머리를 내리쳐 그를 즉사시켰다. 그의 나이 35세였다. 시내 조용한 골목길에서 갑작스럽게 일어난 소란으로 파리 시민들은 깜짝 놀랐지만, 자신의 시종 곁에서 처참하게 숨진 루이 도를레앙 공작을 한눈에 알아볼 수 있는 사람은 아무도 없었다.

장례식을 준비하는 동안 루이 도를레앙의 시신은 그가 살해된 곳에서 한 블록 떨어진 노트르담-데-블랑 망토 교회(L'Eglise Notre-Dame-des-Blanc Manteaux)에 임시 안치되었다. 장례식을 마친 후 루이 도를레앙의 시신은 파리 셀레스탕 수도원(Couvent des Célestins de Paris)에 매장되었다.

1407년 11월 23일, 루이 도를레앙이 암살당한 역사적인 장소. 파리의 마레지구에 위치한 비에이유 뒤 땅플르 거리(Rue Vieille-du-Temple)

용맹공 장이 보낸 자객들에 의해 암살당한 루이 도를 레앙의 장례식이 치러지기 전, 그의 유해가 임시 안치되어 있던 노트르담-데-블랑-망토 교회(Eglise Notre-Dame-des-Blancs-Manteaux)

# 루이 도를레앙과 발렌티나 비스콘티의 자녀들

## 1. 샤를 도를레앙(Charles d'Orléans, 1394.11.24.~1465.1.5.)

샤를 도를레앙은 루이 도
를레앙과 발렌티나 비스콘
티의 장남으로 1394년 11월
24일 파리에서 태어났다. 샤
를이 13살이던 1407년에 아
버지 루이 도를레앙이 암살
당했다. 아버지의 죽음으로
샤를은 아버지의 라이벌인
부르고뉴파에 대항하는 반
대파의 수장이 되어야 했다.

1415년 영국의 헨리 5세
가 프랑스로 침공해오자 군
대를 거느리고 전투에 참가
한 샤를은 6,000명이 넘는
프랑스 기사와 귀족들이 영
국군에 도륙당한 아쟁쿠르

샤를 도를레앙(Charles d'Orléans). 발렌티나의 장남이며 당대의 유명한 서정 시
인이다. 샤를 도를레앙은 루이 12세의 아버지이다.

전투(Bataille d'Azincourt, 1415)에서 영국군에 사로잡히게 된다.

샤를은 영국으로 압송되었다. 영국이 제시한 샤를의 보석금은 금화 22만 에퀴였다. 그러나 프랑스 왕실은 그 돈을 낼 여력이 없었다. 국고가 텅비어 있었기 때문이다. 게다가 샤를의 보석금을 마련하려 동분서주하던장인 베르나르 아르마냑(Bernard d'Armagnac)마저 암살당하면서 샤를의귀국은 기약할 수 없게 되었다.

샤를 도를레앙이 전쟁 포로가 되어 무려 25년 동안이나 갇혀 지낸 런던탑

결국 25년 동안 영국 각지에서 포로생활을 한 샤를이 프랑스로 돌아올 수 있었던 건 아버지의 원수였던 부르고뉴 공작 가문 덕분이었다.

당시 부르고뉴 공작은 장 1세의 뒤를 이은 필립 3세였다. 그는 샤를의 보석금 22만 에퀴를 기꺼이 내어주었고 샤를은 필립 3세의 조카 마리와 결혼함으로써 두 가문은 반세기만에 극적으로 화해하였다.

25년간 포로생활을 하면서 시인으로 거듭난 샤를 도를레앙은 『감옥의 노래(Livre de la prison)』를 지었다. 그는 프랑스의 중세시대를 대표하는 서정시인 중 한 명이다.

1450년부터 샤를 도를레앙은 블로아 성에서 은퇴하여 노년을 보냈다. 그리고 그는 블로아 성에서 정기적인 문학살롱을 열었고 성을 방문했던 많은 시인들을 후원했다.

샤를이 당시 살인사건에 연루되어 도망자 신분이었던 천재시인 프랑소와 비용(François Villon)을 위해 루이 11세에게 올린 탄원서에는 그의 유려한 문체와 함께 그가 얼마나 실력 있는 문인을 보호하려 했는지 잘 보여주고 있다. 결국 이 편지를 받고 감명 받은 루이 11세는 프랑소와 비용을 특별 사면해 주었다.

샤를은 총 3번 결혼하였다.

그의 첫 번째 부인은 사촌 누이인 이자벨 드 프랑스(Isabelle de France)였다. 이자벨은 샤를 6세와 왕비 바이에른의 이자보 사이에서 태어난 첫째 딸이었다. 이자벨은 영국과의 평화협상에 따른 정략결혼의 희생양이 되어 7살의 어린 나이에 영국의 리차드 2세와 결혼했다. 그러나 남편 리차드 2세가 헨리 4세에게 살해당하자 11살의 나이에 과부가 되었고 그녀는 다시 프랑스로 돌아왔다.

1407년에 콩피에뉴(Compiègne)에서 이자벨과 샤를은 결혼식을 올렸다. 행복한 신혼생활을 보내며 이자벨은 어린 시절의 악몽을 잊어가고 있었으나, 1409년 8월 딸 잔을 낳다가 19살의 나이로 사망했다.


샤를의 두 번째 부인은 본 아르마냑(Bonne d'Armagnac) 백작녀였다. 본의 어머니는 샤를의 작은 할아버지인 베리공 장(Jean de Bérry)의 딸이었다. 때문에 샤를과 본은 6촌간이고 둘은 1410년 리옴(Riom)에서 결혼했다. 샤를과 본의 결혼생활도 고작 5년뿐이었다. 샤를이 영국으로 압송되면서 부부는 생이별을 하게 되었기 때문이다. 본은 남편이 포로생활을 하는 동안 친정인 가스코뉴(Gascogne)로 내려가 지냈다.

그리고 그곳에서 20년간 남편을 기다렸다. 두 사람 사이에 자녀는 없었고 샤를이 영국에서 돌아왔을 때는 본이 사망한 5년 후였다.

샤를의 세 번째 부인은 마리 드 클레브스(Marie de Clèves) 공작녀였다. 마리는 부르고뉴 공작 필립 3세(Philippe Ⅲ, duc de Bourgogne)의 조카로 포로에서 풀려나 프랑스로 돌아온 샤를과 생 토메르(Saint-Omer)에서 결혼식을 올렸다.

샤를의 나이는 46살, 마리의 나이는 14살이었다. 그러나 많은 나이 차이에도 불구하고 두 사람은 매우 사이좋은 부부였다. 마리는 남편과 함께 당대의 예술후원자로 이름을 날렸다.

그녀는 남편이 사망한 후 피카르디(Picardie) 지방으로 옮겨가 그곳에서 지내다 1487년 62세를 일기로 사망했다. 마리와 샤를의 세 아이들 중 장남 루이가 후에 루이 12세로 프랑스 왕이 되었다.

## 2. 필립 도를레앙(Philippe d'Orléans, 1396~1420)

오를레앙 가문의 가족영묘 앞쪽 하단이 필립 도를레앙의 횡와상

필립 도를레앙은 루이 도를레앙과 발렌티나 비스콘티의 둘째 아들이다. 필립은 태어나면서 베르튀 백작으로 봉해졌다.

1412년 16살의 필립은 옥세르 평화조약(Paix d'Auxerre)에 따라 부르고뉴 공작 장 1세의 여동생인 카트린 드 부르고뉴와 약혼했다. 카트린은 필립보다 18살이나 연상이었다. 그러나 둘의 결혼은 이루어지지 않았다.

필립 도를레앙은 아르마냑파의 선두에서 부르고뉴와 영국에 대항했다. 그는 큰아버지 샤를 6세의 군대장관으로 피카르디와 아르투아(Artois)에서 벌어진 전투에서 용감히 싸웠으며 사촌 샤를(후에 샤를 7세)이 가장 신임한 장군이었다.

필립이 24살의 젊은 나이로 급사하자 샤를 7세의 슬픔은 이루 말할 수 없었다고 한다. 필립 도를레앙은 결혼을 하지 않았고 자식도 없다. 그는 현재 생드니 사원(Abbaye de Saint-Denis)에 부모 형제와 함께 잠들어 있다.


## 3. 장 도를레앙(Jean d'Orléans, 1399~1467.4.30.)

장 도를레앙은 루이 도를레앙과 발렌티나 비스콘티의 막내아들이다. 장은 그의 아버지가 사망한 1407년에 8살의 나이로 앙굴렘 백작으로 봉해졌다. 장 도를레앙이 13살이라는 어린 나이에 형제들 중 제일 먼저 영국에 포로로 보내진 건 순전히 정치적인 이유에서이다.

아르마냑파와 부르고뉴파 사이의 갈등을 비추어 보았을 때 영국과의 동맹은 결정적으로 중요했고 두 진영은 그것을 적극적으로 활용했다.

1412년 오를레앙 영지를 포위한 영국군들이 그해 봄에 자국으로 물러

장 당굴렘(Jean d'Angoulême). 앙굴렘 백작이
며 발렌티나의 막내아들이다. 장 당굴렘은 훗날
프랑스 왕이 된 프랑소와 1세의 할아버지이다.

나는 대가로 15만 에퀴를 요구했으나 곧 마음을 바꿔 22만 에퀴로 값을 올렸다. 아르마냑파가 부랴부랴 15만 에퀴를 준비했지만 갑작스럽게 오른 금액을 마련할 수 없자 협상을 통해 나머지 7만 에퀴는 나중에 주기로 합의했다.

그러자 영국은 군대를 철수시키면서 샤를 도를레앙의 측근 6명을 볼모로 잡아갔는데 동생 장이 그중에 포함되어 있었다.

장 도를레앙은 고향으로 금방 돌아올 줄 알았겠지만 3년 후 벌어진 아쟁쿠르 전투에서 형 샤를마저 영국으로 포로가 되어 잡혀오자 형제는 함께 영국 전역을 전전하며 포로생활을 해야 했다.

장 도를레앙은 33년이라는 긴 세월 동안 포로생활을 하면서 엄청난 양의 독서를 하였다. 그는 초서(Geoffrey Chaucer)의 『켄터베리 이야기』를 불어로 번역했고 주석을 달았다. 또 그는 개인도서관의 확장을 위해서 필경사들을 모집하기도 했다.

장은 1444년 45살에 영국에서의 포로생활을 마치고 마침내 꿈에 그리던 자신의 영지인 앙굴렘(Angoulême)에 도착했다. 그리고 5년 후에는 로앙 자작 알랭 9세(Alain Ⅸ, vicomte de Rohan)의 딸인 마르그리뜨 로앙(Marguerite de Rohan)과 결혼했다.

두 사람 사이에는 1남 2녀의 자녀들이 태어났는데 장남 샤를 도를레앙의 외아들 프랑소와가 훗날 프랑스 왕 프랑소와 1세가 된다.

고로 장 도를레앙은 프랑소와 1세의 할아버지가 된다.

장은 1467년 68세의 나이로 꼬냑성(Château de Cognac)에서 사망하여 부인과 함께 앙굴렘의 성베드로 대성당(Cathédrale Saint-Pierre d'Angoulême)에 묻혔다. 2011년 장과 그의 아들 샤를 당굴렘의 시신이 성당 보수공사 중에 발견되었다. 2015년 2월 15일에 앙굴렘 시에서는 두 사람의 장례를 다시 치르고 같은 성당에 함께 매장했다.

꼬냑성(Château du Cognac). 현재 꼬냑성은 허물어지고 없으며 2개의 동종(Donjon)과 출입구만 남아 있다.

왕이 되기 전 앙굴렘 백작이었던 프랑소
와 1세(François 1)의 기마상. 꼬냑 백
작령은 아버지 샤를 당굴렘의 영지였다.

## 4. 마르그리뜨 도를레앙(Marguerite d'Orléans, 1406.12.4.~ 1466.4.24.)

마르그리뜨 도를레앙은 루이 도를레앙과 발렌티나 비스콘티의 외동 딸이다. 마르그리뜨는 1살에 아버지를 여의고 2살에 어머니를 잃었다. 그녀는 블로아 성에서 친척들의 손에 양육되었다.

마르그리뜨가 17살이던 1423년, 그녀는 11살 연상의 부르타뉴 공작 리차드 데땅프(Duc de Bretagne, Richard d'Etampes)와 결혼했다.

부부는 외아들 프랑소와만 낳았고 프랑소와는 후사 없이 사망한 사촌 들의 뒤를 이어 부르타뉴 공작으로 등극하였으며 사실상 그는 부르타뉴 공국을 손수 다스린 마지막 영주였다.

마르그리뜨 도를레앙(Marguerite d'Orléans). 발렌티나의 외동딸이 다. 마르그리뜨는 에땅프 공작 리차 드(Richard d'Etampes)와 결혼하 였다. 그녀는 훗날 두 번이나 프랑스 왕비를 지낸 안 드 부르타뉴(Anne de Bretagne)의 할머니이다.

프랑소와 공작의 딸 안 드 부르타뉴는 후에 프랑스 왕 샤를 8세와 루이 12세의 왕비가 된다. 마르그리뜨 도를레앙은 안 드 부르타뉴의 할머니이며 루이 12세의 고모이고 프랑소와 1세의 고모할머니가 된다.

마르그리뜨는 1438년 남편 리차드 데땅프가 사망하자 친정인 오를레앙 공작령으로 돌아왔고 그곳에서 지내다 1466년 60세를 일기로 사망하여 귀슈 수도원(Abbaye de la Guiche)에 잠들어 있다.

# 6.

# 주느비에브

## (Sainte Geneviève, 423년경~512)

"영원한 파리의 수호여신, 양치기 소녀로 환생하다"

SAINTE GENEVIEVE
PATRONNE DE PARIS
423 - 512

주느비에브는 420년경 파리 외곽의 낭떼르(Nanterre)에서 태어났다. 오늘날 우리가 알고 있는 주느비에브의 이야기는 그녀가 사망한 지 18년이 지난 530년경, 이름이 알려지지 않은 수도사들에 의해 씌어진 '주느비에브의 일생' 덕분이다.

이 성인전(Hagiographie)은 생전에 그녀를 보았던 사람들에 의해 씌어졌기 때문에 매우 신빙성이 높은 것으로 알려져 있다.

주느비에브의 아버지는 로마 시민권을 가진 프랑크족으로 이름은 세베루스(Severus)이고 어머니는 그리스 출신이라고만 알려져 있다.

주느비에브의 아버지는 낭테르 시민의회의 의원이었으며 이 가족은 부유한 중산층의 삶을 누리고 있었다. 그러나 아버지는 비교적 일찍 세상을 떠난 것으로 보인다. 외동딸이었던 그녀는 10대 후반에 아버지의 직책을 물려받아 낭떼르 시민의회의 의원으로 활동하고 있었다.

430년경 옥세르 주교 제르맹(Saint Germain d'Auxerre)과 그의 조력자 트루아 주교 루(Loup de Troyes)는 바티칸에서 파견되어 펠라기우스파를 척결하기 위해 브리타니아로 가던 중이었다. 펠라기우스는 로마 카톨릭에서 이단으로 지목되었다. (펠라기우스파란, 당시 브리타니아에 만연해 있

옥세르 주교 제르맹(Saint-Germain d'Auxerre)

던 기독교의 종파로 인간이 짊어져야 할 원죄를 부정하고 펠라기우스가 주장하는 가르침을 통해 인간의 행위가 개선된다고 믿던 종파였음.)

마침 주일이 되자 두 주교는 파리 근교의 생 제르맹 드 샤론느 교회(L'Eglise Saint-Germain-de-Charonne)에서 미사를 집전하게 되었다.

미사 도중 맨 앞자리에 앉아 열심히 강론을 경청하던 앳된 소녀를 눈여겨본 제르맹 주교는 설교를 마친 후 따로 그 소녀를 불렀다.

제르맹 주교는 한눈에 그 소녀의 하나님에 대한 열정을 알아보았다. 그래서 그는 주느비에브에게 "너는 하나님을 섬기는 훌륭한 성직자로 거듭날 수 있을 것이다"라며 그녀에게 동전 하나를 징표로 주었다고 한다.

그 후 주느비에브는 부모가 모두 사망한 후 하나님께 헌신하는 본격적인 성직자의 삶을 살기로 결심한다. 그래서 그녀는 수도원으로 들어가기 위해 고향을 떠나 파리로 왔다.

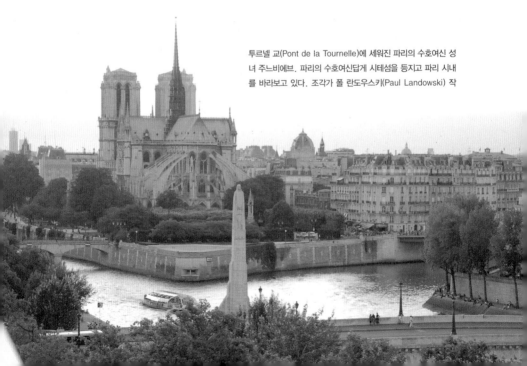

투르넬 교(Pont de la Tournelle)에 세워진 파리의 수호여신 성녀 주느비에브. 파리의 수호여신답게 시테섬을 등지고 파리 시내를 바라보고 있다. 조각가 폴 란도우스키(Paul Landowski) 작

그녀는 친척인 대모의 집에 기거하며 정식으로 수녀가 되기 위한 준비에 들어갔다. 당시 대모는 수녀원에서 꽤 영향력 있는 인물이었다. 이렇게 하여 주느비에브는 파리의 시테섬(Île de la Cité)에서 그녀의 새로운 삶을 시작하게 되었다.

20세 무렵에 그녀는 파리주교 빌리쿠스(Wilicus)에 의해 정식으로 수녀가 되었다. 빌리쿠스는 곧 주느비에브의 대모가 맡고 있던 직책(수녀가되기를 원하는 처녀들을 교육시키는 일)을 그녀에게 맡겼다.


한편 451년, 유럽 전역을 공포에 떨게 한 훈족의 침입은 파리도 예외가 될 수 없었다. 잔인무도하기로 소문난 아틸라는 그 이름만 들어도 오금이 저리게 했다. 파리 시민들은 저마다 짐마차에 짐을 싣고 파리를 탈출하여 피난길에 오르고 있었다.

당시 나이가 28세였던 주느비에브 수녀는 그녀 특유의 강단 있는 성격을 바탕으로 맨몸으로 파리 시민들에게 파리를 포기하지 말라고 설득했다.

그녀는 시테섬의 광장에서 "더 이상 싸울 용기가 없다면 남자들은 도망가도 좋습니다. 하지만 우리 여자들은 우리의 간절한 소망을 신께 기도합시다"라며 시민들을 설득했다.


어찌 되었든 결과적으로 유럽 일대를 초토화시켰던 아틸라의 군대는 파리를 비켜갔다. 조급하게 파리를 버리고 피난길에 올랐던 시민들은 다시 돌아왔으며 이 믿을 수 없는 야만족의 군대가 파리를 지나쳐 아키텐 지방으로 내려간 것은 그야말로 신의 은총이 아니면 일어날 수 없는 일이었다. (그러나 사실 아틸라의 입장에서는 실익 없는 파리 점령보다는 아키텐 지방을 점령한 서고트족을 공격하는 게 훨씬 이득이었으므로 이 고급 정보를 사전에 입수한 주느비에브 쪽에서 파리 점령에 관심 없는 아틸라 측에게 파리를 열어주어 오를레앙 방향으로 아틸라의 군대를 유인했다는 설도 있다.)

이 일로 주느비에브의 위상은 높아졌으며 그녀의 말은 법보다 권위 있게 되었다.

이후, 훈족의 침입에서 벗어나 가까스로 평화를 찾은 파리에 이번에는 프랑크족의 실데리크 1세(Childéric Ⅰ, roi de Franc, ?~481)가 파리를 공격해 왔다(465년). 이때도 주느비에브는 파리 시민들을 독려하며 실데리크 1세의 군대에 맞섰다. 그러나 파리는 점령당하고 말았다.

실데리크 1세의 치하에서 주느비에브는 파리의 초대 주교이며 순교자인 생 드니(Saint-Denis, 성 디오니시우스)의 무덤이 있는 초막에 교회를 짓게 해달라고 왕에게 간청했다. 주느비에브에게 호의적이었던 프랑크의 부족장 실데리크 1세는 그녀의 요청을 흔쾌히 허락했고 그녀에게 토지를 하사했다. 그리하여 주느비에브는 파리 근교에 있던 초막을 헐고 그곳에 생 드니 교회를 짓기 시작했다.

481년 실데리크 1세가 사망하고 그의 아들 클로비스(Clovis, roi de Franc, 466~511)가 프랑크 왕이 되었다. 클로비스와 왕비 끌로틸드는 주느비에브를 그들의 후견인이자 대모로 섬기며 그녀에게 깍듯이 대했다.

주느비에브는 클로비스를 설득하여 세느강 우안의 언덕에 성 베드로와 성 바울을 기리는 성당을 지어줄 것을 간청했다. 후에 이 성당은 주느비에브 수도원으로 이름이 바뀌었다가 현재는 그 자리에 앙리 4세 고등학교가 세워졌다.

주느비에브 언덕에 위치한 옛 주느비에브 수도원 자리. 폐쇄된 수도원 자리에 현재는 생테티엔 뒤몽 교회와 앙리 4세 고등학교가 들어서 있고 클로비스의 탑이 남아 있다.

수도원의 종탑으로 쓰였던 탑만 현재까지 남아 '클로비스의 탑'이라 불리고 있다. 현재 파리 5구는 이름도 '주느비에브 언덕'이라 불리며 그야말로 주느비에브의 성지라 할 만큼 그녀를 기리는 건축물들이 많다. 클로비스의 탑이 남아 있고 그 옆에 생테티엔 뒤몽 교회(L'Eglise Saint-

Etienne-du-Mont) 그리고 교회 좌우로 팡테옹(Panthéon, 원래 주느비에브를 기리는 교회가 있었으나 루이 15세가 헐고, 자신의 병을 낮게 해주신 하나님에 대한 감사의 뜻으로 모든 신을 위한 전당을 만듦)과 새로 건축된 주느비에브 도서관이 모두 이 언덕에 모여 있다.

　1494년부터 주느비에브 언덕의 허물어진 수도원 옆에 에티엔 성인을 기리는 교회가 건설되었고 이 교회에 주느비에브의 석관과 성골함이 지금까지 보관되어 있다.

　512년에 89세를 일기로 그녀가 사망했을 때 그녀는 성 베드로와 성 바울 수도원의 지하 납골당에 1년 전에 사망하여 묻혀 있던 클로비스(Clovis)의 옆에 묻혔다.

팡테옹(Panthéon). 원래는 주느비에브의 묘가 있던 작은 초막교회였으나 루이 15세가 헐고 이곳에 팡테옹을 건설하였다.

팡테옹(Panthéon)은 18세기부터 국가유공자들의 안식처로 활용되고 있으며 1791년 미라보(Honoré Gabriel Mirabeau)를 처음 안장한 후 2018년 시몬느 베일(Simone Veil)까지 총 80명의 인물들이 잠들어 있다.

## 주느비에브의 영광과 수난

주느비에브가 사망한 지 100여 년이 지난 630년경, 노와용 주교 생 엘루아(Saint-Eloi)는 그녀의 돌로 된 석관을 정교하게 세공된 금관과 진귀한 보석으로 꾸몄다. 이후 834년에 파리에 대홍수가 나서 도시 전체가 물에 잠겼을 때는 불안에 떨던 파리 시민들이 주느비에브의 무덤 앞에 모여 기도를 하였고, 그 결과 며칠간 억수같이 퍼붓던 비가 말끔히 개었다고 한다.

845년에 일어난 노르망족의 첫 번째 파리 침략 당시, 주느비에브의 석관이 이방족들에게 약탈당할 것을 두려워한 수도사들에 의해 그녀의 관은 에쏜느(Essonne) 지방의 작은 마을 드라베이(Draveil)로 은밀히 옮겨졌고 그곳에서 10년 남짓 머물렀다. 이후로도 주느비에브의 석관은 계속해서 수난을 겪게 된다.

주느비에브의 성유골함

1162년 1월경, 그 당시 수도원의 과격한 개혁가들이 주느비에브의 석관을 열고 그녀의 두개골을 떼어내서 감추었다는 루머가 돌았다. 루이 7세는 석관을 열게 하고 조사를 시켰으나 단순루머로 판명되었다. 그러나 신심이 깊었던 루이 7세는 성녀의 유골을 도굴당하지 않기 위해 석관에 프랑스 왕실의 인장을 치도록 명령했다.

현재 주느비에브의 석관은 생테티엔 뒤몽 교회(Eglise Saint-Etienne-du-Mont de Paris)에 보관되어 있다.

1230년 소르본대학의 창설자인 로베르 소르본(Robert Sorbonne) 신부는 루이 9세와 왕의 모후 블랑슈 드 카스티유(Blanche de Castille)에게 주느비에브 석관의 금판이 삭아서 볼품없게 되었으니 새로 교체해 달라는 탄원서를 올렸다.

루이 9세는 파리의 세공사 본나르에게 주느비에브 석관의 도금을 맡겼다. 당시의 파리 시민들은 이미 주느비에브의 석관을 성스러운 궤라는 의미로 '성궤'라고 불렀다. 이렇게 주느비에브는 파리의 수호여신으로 추앙받으며 파리 시민들과 1000년이 넘는 세월을 함께했다.

그러나 나라에 큰 우환이 있을 때마다 그녀의 무덤 앞에 모여 합심으로 기도하거나 그녀의 관을 메고 거리를 행진하던 전통은 더 이상 영광이 아니라 수모와 치욕의 순간을 맞이하게 된다.
프랑스 대혁명 시기인 1793년 11월 8일, 시민혁명군들은 성궤를 몬네(Monnais, 프랑스 화폐국)로 옮겨 그곳에서 석관의 금궤를 떼어내 녹이고 장식되어 있던 보석들도 떼어냈다.
11월 21일에는 파리의회의 결정으로 그레브 광장에서 석관을 열고, 남아 있던 뼛조각과 잔유물을 태우고 그 재는 세느강에 뿌리는 만행을 저질렀다.


그러나 혁명 전, 몇 개의 **뼛조각**들이 생테티엔 뒤몽 교회로 **빼돌려져** 교회 지하에 은밀히 보관되어 있었다.

현재 이 교회에 보관되어 있는 성궤는 납으로 세공되고 그 위에 금박을 입혀 오늘날까지 보존되고 있다. 실제로 이 석관에는 주느비에브의 오른팔 **뼛조각** 몇 개가 들어 있다.

위기에 처한 파리 시민들을 구해내고 프랑스를 지켰던 파리의 수호여신 주느비에브는 영광과 오욕의 세월을 지나 오늘날에도 프랑스 국민들의 영원한 영웅으로 기억되고 있다.


성녀 주느비에브의 축일은 매년 1월 3일이다.

성녀 주느비에브의 석관과 성유골이 보
관되어 있는 생 테티엔 뒤몽 교회 내부

파리 투르넬교(Pont du Tournelle)에 높이 솟아있는 파리의
수호여신 생트 주느비에브(Sainte Geneviève)의 기념탑.

# 7.

# 메리 스튜어트

## (Marie Stuart, 1542.12.8.~1587.2.8.)

"목숨을 구걸하지 않고 순교자의 길을 택한 비운의 여왕"

MARIE STUART
REINE DE FRANCE
1542 - 1587

메리 스튜어트는 1542년 12월 8일 스코틀랜드의 린리스고 궁전
(Château de Linlithgow)에서 스코틀랜드 왕 제임스 5세(Jacques V d'Ecosse,
1512~1542)와 왕비 마리 드 기즈(Marie de Guise, 1515~1560)의 외동딸로 태
어났다.

메리의 아버지 제임스 5세는 1512년 4월 10일 선왕인 제임스 4세와 잉
글랜드 왕 헨리 7세의 맏딸 마르그리프 튜더의 셋째 아들로 태어났다. 그
는 위의 두 형이 일찍 죽는 바람에 아버지의 뒤를 이어 스코틀랜드 왕이
된 인물이었다.

스코틀랜드의 린리스고 궁전(Palais de Linlithgow). 1542년 12월 메리 스튜어트가 이 궁에서 태어났다.

제임스 5세는 어려서부터 예민하고 병치레가 잦은 아이였다. 그럼에도 그는 전장에서는 용감한 군인이었으며 일국의 왕으로서도 유능했던 군주였다.

메리의 어머니 마리 드 기즈는 1515년 11월 22일 지금의 알자스-로렌 지방의 바-르-뒥(Bar-le-Duc)에서 태어났다. 마리의 아버지 로렌 공작 끌로드(Claude de Lorraine, 1496~1550)는 프랑소와 1세의 궁정에서 왕의 최측근으로 있으면서 왕의 총애를 입은 인물이었다. 그는 왕의 이탈리아 원정 때 혁혁한 공을 세운 공로로 프랑소와 1세로부터 '기즈 공'이라는 작위를 처음 받아 로렌 공작 가문을 빛낸 군인이었다.

이 기즈 가문은 후에 종교전쟁 당시 프랑스 카톨릭 동맹의 수장으로서 파리 시민들에게 인기를 끌면서 프랑스 왕가를 위협하는 세력으로 등장했다. 그로 인해 발로아 왕가의 왕들과 섭정 모후 카트린 드 메디치를 제치고 프랑스 왕국 내에서 무소불위의 권력을 휘두르게 된다.

또 마리 드 기즈의 어머니인 부르봉 공작녀 앙트와네트(Antoinette de Bourbon)는 루이 9세(Louis IX, roi de France)의 직계후손이다.

메리 스튜어트의 부모인 제임스 5세와 왕비 마리 드 기즈는 사실 각각 재혼커플이었다.

우선 제임스 5세는 프랑스와의 화친조약을 맺고 나서 프랑스 출신의 왕비를 맞아들이기를 희망했다. 그래서 그는 내심 프랑소와 1세의 셋째 딸 마들렌 공주(Madeleine de France, 1520~1537)를 마음에 두고 있었다.

스코틀랜드 왕 제임스 5세의 초상화　　　　　왕비 마리 드 기즈의 초상화

　그러나 프랑소와 1세는 어려서부터 병약했던 마들렌 공주가 스코틀랜드의 척박한 기후를 견뎌낼 수 없다고 판단하여 제임스 5세의 신붓감으로 딸을 주기를 망설였다. 그래서 왕은 공주를 대신하여 방돔 공작의 딸 마리(Marie de Bourbon)를 제임스 5세의 신붓감으로 추천했다.

　그러나 프랑스를 직접 방문해 마리 드 부르봉 공작녀를 본 제임스 5세는 신붓감이 맘에 들지 않아 결혼을 거절하고 마들렌 공주와 결혼하기를 고집했다. 결국 프랑소와 1세는 딸과 스코틀랜드 왕의 결혼을 승낙하기에 이른다. 그리하여 제임스 5세와 마들렌 공주는 1537년 1월 파리의 노트르담 대성당(Cathédrale Notre-Dame de Paris)에서 결혼식을 올렸다.

　한 달간의 피로연을 마친 젊은 부부는 스코틀랜드로 돌아갔고, 6개월 후 마들렌 공주는 에딘버러 궁(Palais d'Edimbourg)에서 17살의 어린 나이에 폐결핵으로 사망했다.

한편, 마리 드 기즈는 1534년에 루이 2세 도를레앙-롱그빌(Louis Ⅱ d'Orléans-Longueville)과 결혼하여 두 아들을 낳았으나 결혼 3년만인 1537년에 남편 루이 2세가 사망하면서 20살의 나이에 미망인이 되었다. 공교롭게도 1537년은 스코틀랜드 왕 제임스 5세와 잉글랜드 왕 헨리 8세, 그리고 바다 건너 로렌 공작녀 마리 드 기즈가 모두 배우자와 사별한 해이다.

1538년 초, 잉글랜드의 헨리 8세는 막대한 유산을 남편으로부터 상속받은 프랑스의 젊고 아름다운 귀족부인이 미망인이 되었다는 소식을 접하게 된다.

헨리 8세는 서둘러 결혼협상단을 프랑스로 보내 기즈공을 알현하게 하고 그의 딸과 자신이 결혼하면 어떻겠는지 조심스럽게 타진하였다. 그는 불과 석 달 전에 사망한 그의 셋째 부인 제인 세이모어(Jane Seymour)의 추도 기간 중에 벌써 넷째 부인을 찾고 있었던 것이다.

그러나 헨리 8세의 악명은 이미 프랑스에도 널리 퍼졌었다. 마리 드 기즈는 "제 목은 그녀보다 더 길지도 않습니다"라며 처형당한 앤 볼린(Anne Boleyn)을 빗대서 점잖게 잉글랜드 왕의 청혼에 퇴짜를 놓았다.

같은 해 부인들과 사별한 잉글랜드 왕과 스코틀랜드 왕의 청혼에 마리는 스코틀랜드 왕의 손을 들어주었다.

왕비가 된 마리 드 기즈는 결혼한 지 2년 만인 1540년과 이듬해에 왕자 둘을 낳았으나 두 명 모두 돌이 되기 전에 사망하면서 왕국에는 후계자가 없었다.

더구나 스코틀랜드가 프랑스와 맺은 동맹 때문에 제임스 5세의 외숙부인 잉글랜드 왕 헨리 8세는 조카의 왕국을 합병할 생각으로 호시탐탐 노리고 있는 상태였으므로 제임스 5세의 후계자 문제는 한시가 급한 상황이었다.

사실 제임스 5세는 여러 명의 정부들로부터 서자들을 두었으나 정작 적법한 남자 왕위계승자는 없었다.

1542년 봄에 다시 한번 왕비의 임신 소식이 알려지자 왕을 비롯한 스코틀랜드 국민들의 기쁨은 이루 말할 수 없었다. 매서운 북해의 차가운 바람이 몰아치던 12월 8일, 마침내 왕비는 린리스고 궁에서 셋째 아이를 출산했다. 그러나 막상 태어난 아이는 모두가 학수고대하던 아들이 아닌 딸이었다.

그즈음 제임스 5세는 얼마 전 치른 전투에서 입은 부상과 아버지 제임스 4세를 죽인 잉글랜드 왕 헨리 8세를 일생동안 증오하면서 얻은 신경쇠약으로 시름시름 앓고 있던 터였다.

딸의 탄생 소식을 접한 제임스 5세는 그의 명을 단축시킬 만큼의 실망과 좌절 속에서 딸이 태어난 지 닷새 만에 31살의 젊은 나이로 숨을 거두었다.

행복도 잠시 결혼한 지 4년 만에 왕비 마리 드 기즈는 다시 미망인이 되었다. 왕은 죽었고 왕비는 외국에서 온 여자였으며 왕국의 후계자는 아직 젖도 떼지 않은 갓난아기인 상황이 스코틀랜드의 현실이었다.

그럼에도 귀족들은 선왕 제임스 5세의 유지를 받들어 강보에 싸인 메리를 스코틀랜드의 여왕으로 추대하고 1543년 9월 9일 대관식을 강행했다.

그리고 그녀를 대신해 왕국의 섭정을 맡은 사람은 아란 백작 제임스 해밀튼(Comte d'Arran, James Hamilton, 1516~1575)으로 그는 제임스 5세 다음으로 왕위계승서열 1위였다.

그러자 이웃나라 잉글랜드의 헨리 8세는 승전국의 자격으로 강압적으로 맺은 그리니치 조약에 따라 메리를 자신의 아들 에드워드(Edward Ⅵ, 1537~1553)와 약혼시켰다.

그것도 모자라 메리를 잉글랜드로 보내 신부수업을 받게 하라고 위협했다. 그것은 사실상 메리를 볼모로 잡고 있겠다는 얘기였다. 섭정 모후인 마리 드 기즈는 딸을 납치당할까 두려워 메리를 외딴 수도원으로 보내 숨겨놓았다.

그런 후 그녀는 프랑스와 새로운 동맹을 맺고 딸과 잉글랜드의 왕세자 에드워드와의 약혼을 파기한다고 선언했다.

급기야 1547년 9월 10일 잉글랜드군이 스코틀랜드를 침공했다. 이번에도 스코틀랜드는 잉글랜드군에 대패했다(Bataille de Pinkie Cleugh, 1547).

다급해진 스코틀랜드 왕실은 동맹국인 프랑스에 도움을 청했다. 프랑스 왕 앙리 2세(Henri Ⅱ, roi de France, 1519~1559)는 스코틀랜드에 군대를 파견했다. 승자도 패자도 없이 전쟁이 종료되자 앙리 2세는 자신의 장남 프랑소와와 메리의 약혼을 천명했다. 그리고 메리를 프랑스로 초청했다.

섭정 모후 마리 드 기즈는 딸이 자신의 모국인 프랑스로 시집가는 것에 대해 찬성했다. 그리고 스코틀랜드 귀족들도 달리 방법이 없음을 알고 메리의 결혼을 승인했다.

마침내 메리 스튜어트는 1548년 8월 프랑스 땅을 밟았다. 장차 스코틀랜드의 여왕이 될 여섯 살의 메리는 프랑스 궁정에서 프랑스 왕세자의 약혼녀 자격으로 체계화된 교육을 받으며 자랐다.

상복을 입고 있는 메리 스튜어트의 초상화. 프랑소와 클루에(François Clouet) 작. 1559~1560년경

유럽 최대의 부유한 나라에서 격조 높은 궁정예법과 다양한 프로그램의 왕비교육을 받으며 문화혜택을 마음껏 누릴 수 있었던 이 어린 시절이야말로 메리의 일생에서 가장 행복한 시간이었다.

그녀는 당시 국왕의 딸인 엘리자베스 공주(Elisabeth de France)와 같은 방을 썼다. 메리를 수행하기 위해 따라왔던 수백 명의 스코틀랜드 신하

들은 마리 드 기즈의 요청으로 다시 스코
틀랜드로 보내졌다.

다만 메리의 가정교사인 제인 플레밍과
유모인 제인 싱클레어만 궁정에 남았다.
제인 플레밍(Jane Fléming)은 프랑스 궁정에
서 '스코틀랜드의 미녀'라 불리며 인기를
끌었다. 그녀는 곧 앙리 2세의 정부가 되었
고 둘 사이에 앙리 '당굴렘'이라는 아들까
지 낳았으며 그 아들은 태어나자마자 스코
틀랜드로 보내졌다.

프랑스 왕이며 메리 스튜어트의 시아버지 앙
리 2세(Henri II, roi de France). 프랑소
와 클루에(François Clouet) 작. 1559년

당연히 앙리 2세의 오랜 정부인 디안 드 푸아티에(Diane de Poitiers)의
견제와 모함 속에 제인 플레밍은 궁정에서 점점 고립된 생활을 하게 되
었다.

참다못한 제인은 아이가 보고 싶다는 핑계를 대고 스코틀랜드로 돌아
가 버렸다. 그러자 공석이 된 메리의 가정교사 자리는 그녀의 외삼촌인
프랑소와 드 기즈의 추천으로 들어온 프랑소와즈 데스탕빌이라는 골수
카톨릭 교도가 차지했다.

이미 숙녀가 되어가고 있던 메리는 이 고리타분하고 매사에 사사건건
간섭만 하는 가정교사를 무척 싫어했다. 1555년 말에 메리는 그녀의 이
모인 르네 드 로렌(Renée de Lorraine)이 수녀원장으로 있는 랭스(Reims)의
수녀원에 작아서 입지 못하는 실크드레스들을 보내려고 했다.

왜냐하면 이모가 조카의 화려한 드레스들을 뜯어 성당 제단을 꾸미고 싶다고 요청했기 때문이다. 그러자 프랑소와즈 데스탕빌이 반대하며 메리의 드레스들을 자신이 갖겠다고 했다.

메리는 단칼에 자기의 가정교사를 해고했다. 이 일은 메리가 결혼 전에 한 유일한 권위적인 행동이었다.

앙리 2세는 며느리 메리를 위해 지불되는 교육비에 인색하지 않았다. 메리는 당시 프랑스 궁정에서 유행하던 여러 스포츠에 심취해 있었다. 그녀는 매 사냥을 능숙하게 하기 위해 특별히 고안된 프랑스식 승마법 (두 발을 모으고 말에 앉는 것이 아니라 양발을 벌리고 타는 자세)을 배웠다.

또 왕의 개인 재단사가 직접 가르치는 바느질과 자수 놓는 법 그리고 다양한 음악수업과 수도사들로 구성된 라틴어와 그리스어 수업을 받았다.

메리의 키타라와 하프 실력은 가히 수준급이었고 그녀는 특히 춤 솜씨가 뛰어났다고 전해진다. 이러한 메리의 춤 실력을 자랑하고 싶었던 앙리 2세는 1548년 4월에 치러진 메리의 외삼촌 기즈공 프랑소와(François, duc de Guise, 1519~1563)와 페라라 공작녀 안 데스테(Anne d'Este, 1531~1607)의 결혼피로연에 참석했던 영국대사 앞에서 메리를 춤추게 했다.

메리의 옷장에는 금박의 실크천으로 된 베니스산 드레스가 가득했고 그녀의 머리는 늘 정교하게 꾸며졌으며 장갑도 최고급 가죽으로 만든 것만 착용했다. 또 은으로 된 보석함에는 온갖 보석이 넘쳐나서 뚜껑이 닫히지 않을 정도였다.

시어머니 카트린 드 메디치(Cathérine de Médicis, 1519~1589)는 예쁘고 총명한 메리를 귀여워해서 자신이 시집올 때 피렌체에서 가져온 값비싼 진주 목걸이를 선물로 주었다. 메리의 모든 수업 일정은 앙리 2세의 정부인 디안 드 푸아티에가 전담을 하고 있었다. 디안 드 푸아티에는 메리의 외가인 로렌 가문과도 인연이 있었기 때문에 시간이 지날수록 디안은 메리에게 적지 않은 영향을 끼치고 있었다.

왕비 카트린과 왕의 애첩 디안은 피할 수 없는 오래된 숙적관계였다. 급기야 메리는 나이든 두 라이벌의 알력 싸움에 디안의 편을 드는 과오를 범하게 된다. 당시야 왕비보다 디안 드 푸아티에의 권력이 영원할 줄 알았을 것이다.

어떤 상황에서도 자신의 본심을 결코 드러내지 않으면서 조용히 독서만 하며 지내는 왕비를 며느리 메리는 '장사꾼 집 딸'이라며 무시하고 궁정에서 노골적으로 경멸했기 때문에 메리는 차츰 시어머니의 눈 밖에 나고 말았다.

이것은 후에 그녀에게 치명적인 약점이 되고 만다.

현재 파리시립역사박물관인 까르나발레
(Musée Carnavalet)의 2층 르네상스관
에 전시되어 있는 카트린 드 메디치의 초상

훗날 메리가 스코틀랜드에서 반란으로 쫓겨날 때 그녀가 영국으로 가지 않고 프랑스로 망명했다면 그녀는 목숨을 부지했을 것이고 오늘날 역사도 바뀌었을 것이다. 메리는 껄끄러운 시어머니와 시동생 앙리 3세를 볼 면목이 없었고 결국 메리의 프랑스행은 좌절되었다.

프랑스 궁정에서 메리의 인기는 날로 더해졌다. 그녀는 또래보다 발육이 뛰어났고 키가 컸다. 그리고 백옥같이 흰 피부에 밝은 갈색머리와 이목구비가 뚜렷한 대단한 미인이었다.

반면, 그녀의 약혼자인 왕세자 프랑소와는 선천적으로 병약하여 왜소한 체격이었으며 자주 앓아누웠다. 그러나 메리는 프랑소와를 진심으로 사랑했고 또 그를 잘 보살펴주었다.

메리와 프랑소와는 눈만 뜨면 궁정이 떠나가라 웃고 뛰어다니던 둘도 없는 소꿉친구였고 프랑소와는 메리를 프랑스식 발음인 마리라 부르지 않고 메리라 불러준 유일한 친구였다. 그러나 이러한 아이들의 천진난만함과는 달리, 프랑스 궁정의 어른들은 그들만의 셈법으로 스코틀랜드의 섭정에 대한 논의가 매일같이 이어졌다.

앙리 2세와 프랑스 각료들은 그동안 돈으로 매수한 스코틀랜드 귀족들의 수가 얼마나 되는지 열심히 파악하고 있었다. 그들은 장차 스코틀랜드가 프랑스에 병합될 때 프랑스에 힘을 실어줄 대상들이었기 때문이다.

1558년 4월 파리 노트르담 대성당(Cathédrale Notre-Dame de Paris)에서 프랑소와 2세와 메리 스튜어트가 결혼식을 올렸다.

프랑스 의회는 메리가 성인이 되는 시점을 그녀가 정확히 11살이 되는 1553년 12월 8일로 정했다. 그리하여 메리가 프랑스 왕비가 되면 스코틀랜드의 섭정자리는 당연히 그녀가 영구적으로 가지는 것이고, 그것은 다시 말해 프랑스 왕이 섭정권을 가지는 것을 의미했다.

마침내 1558년 4월 24일, 16살이 된 메리는 14살의 프랑소와와 파리 노트르담 대성당에서 성대한 결혼식을 올렸다. 메리의 남편 프랑소와는 할아버지 프랑소와 1세의 이름을 물려받았다.

그는 앙리 2세와 카트린 드 메디치가 결혼한 지 11년 만에 얻은 귀한 아들이었고 카트린 드 메디치가 불임이라는 소문을 잠재워준 소중한 아들이었다.

프랑소와는 태어난 지 한 달 만에 세례를 받았고 그의 대부는 교황 바오로 3세이며 대모는 고모할머니인 마르그리뜨 당굴렘(Marguerite d'Angôuleme)이 되어 주었다.

결혼 후 메리와 프랑소와는 생-제르맹-엉레 성(Château de Saint-Germain-en-Laye)에서 신혼생활을 시작했다. 전통에 따라 메리는 디안 드 푸아티에가 앙리 2세에게서 받은 보석을 물려받았다.

결혼생활 1년을 조금 넘긴 시점에 프랑스 왕가에 뜻하지 않은 불행이 찾아왔다. 1559년 6월 30일 앙리 2세는 자신의 딸 엘리자베스 공

1559년 9월 프랑소와와 메리 스튜어트는 대관식을 치르고 프랑스의 왕과 왕비가 되었다.

주와 에스파니아 왕 필립 2세(Philippe Ⅱ, roi d'Espagne), 그리고 앙리 2세의 동생인 마르그리뜨 공주(Marguerite de France)와 사보아 공작 엠마누엘-필리베르트(Emmanuel-Philibert, duc de Savoie)의 겹혼인을 축하하는 경축행사를 벌였다.

당시 파리에서 가장 넓은 거리인 생-앙트완 거리(지금의 바스티유 광장)에 특설경기장을 설치하여 마상 시합이 열리고 있었다. 앙리 2세와 대결

을 벌일 상대는 스코틀랜드 출신의 근위대장인 몽고메리 백작 가브리엘 드 로르주(Gabriel de Lorges, comte de Montgomery)로, 그는 썩 내키지 않는 얼굴로 경기장에 들어서며 투구를 썼다.

결국 마상시합 도중 그의 날카로운 창이 투구가 벗겨진 왕의 눈을 찔렀고, 왕은 열흘간의 처절한 사투 끝에 파리의 투르넬 호텔(Hôtel des Tournelles)에서 사망하였다.

앙리 2세의 장례식을 치르고 난 후 그해 9월 17일로 왕세자 프랑소와의 대관식 날짜가 잡혔다. 그러나 프랑소와의 건강상태가 좋지 않아 특별히 대관식 날짜가 나흘 늦춰졌다. 원래 프랑스 왕의 대관식은 일요일이나 축일에 하는 것이 관례였으나 프랑소와는 병 때문에 축일이 아닌 날, 즉 아무날도 아닌 날에 대관식을 치른 첫 번째 왕으로 기록되었다.

프랑소와 2세(François II, roi de France)의 초상화. 프랑소와 클루에(François Clouet) 작. 1560년경. BnF

15세에 왕으로 즉위한 프랑소와 2세는 왕비 메리 스튜어트의 조언에 귀 기울였고 그 결과 왕의 권력은 처삼촌들인 기즈공들이 차지했다.

프랑소와 2세는 의회에서 기즈공 프랑소와(François de Guise, 1519~1563)에게 군사의 전권을 일임한다고 공언했다. 그리고 기즈공 프랑소와의 동생인 추기경 샤를(Charles de Lorraine, 1524~1574)에게는 왕실의 행정과 재정을 맡겼다. 한마디로 왕국의 국방과 행정수반 그리고 재정이 처외삼촌들의 손에 놓이게 된 것이다. 원칙적으로 왕의 모후인 카트린 드 메디치에게 모든 국정 전반에 대한 논의를 하는 것이 맞으나 실상은 기즈공들이 프랑스 왕국을 통치하고 있었다.

기즈공들은 조카 덕분에 얻게 된 권력을 휘두르면서 이 기회에 가문을 더욱더 부흥시켜나갈 계획을 착착 진행 중이었다. 기즈공들에게는 더할 나위 없는 좋은 기회이긴 했으나 그것이 오래가지 못할 것이란 걸 그들도 알고 있었다. 프랑소와 2세의 건강이 나빠 그가 오래 살지 못한다는 걸 잘 알고 있었기 때문이다.

기즈공 프랑소와 드 로렌(Duc de Guise, François de Lorraine). 프랑소와 클루에(François Clouet) 작. 루브르 박물관 소장

소년 왕 프랑소와 2세는 나라를 통치하는 건 고사하고 일상생활조차 제대로 할 수 없을 정도로 선천적으로 약골로 태어났다. 또 왕비 메리 스튜어트도 스코틀랜드에서 홀로 지내는 어머니의 건강이 안 좋다는 소식을 듣고 그 걱정으로 신경이 극도로 예민해져 있는 등 젊은 왕과 왕비는 둘 다 건강에 적신호가 켜진 상태였다.

게다가 고대하던 왕비의 임신 소식이 들려오지 않아 초조해진 기즈공들은 궁정의 시녀들을 매수해 왕비가 임신으로 인해 신경쇠약에 걸렸다고 소문을 내게 했다.

랭스 대성당(Cathédrale de Reims). 클로비스 1세가 랭스 주교 레미에게 세례를 받은 이후
역대 프랑스 왕들은 이 대성당에서 대관식을 올린 후 왕으로 즉위하였다.

그로슬로 호텔(Hotel Groslot) 입구에 서 있는 오를레앙(Orleans)의 처녀 잔 다르크의 청동상

그리고 실제로 메리도 자신이 임신한 줄 알고 임산부복을 입고 다녔다. 1560년 9월경, 의사의 진찰을 받고 난 다음에야 메리는 자신이 임신하지 않았다는 걸 알았다.

같은 해 11월 16일, 프랑소와 2세는 오를레앙 근처로 사냥을 나갔다가 추위에 떨며 두통을 호소했다. 증상은 누가 봐도 감기였으나 그는 몸을 가누지 못할 정도로 휘청대며 머리를 감싸 쥐었다.

왕은 궁으로 돌아갈 시간도 없이 오를레앙(Orléans) 근처의 그로슬로 호텔(Hotel Groslot)로 옮겨졌다. 프랑소와 2세의 병세는 왼쪽 귀에서 시작해 점점 뇌로 진행되는 급성 중이염 또는 뇌막염으로 추정되는데 왕은 며칠 만에 극심한 통증으로 인해 거의 실성에 가까운 상태에 놓이게 되었다.

오를레앙(Orléans)의 그로슬로 호텔(Hôtel Groslot).
1560년 12월 프랑소와 2세는 이 호텔에서 사망하였다.

그로슬로 호텔 내부. 프랑소와 2세가 사망한 방

　소식을 들은 왕실 가족들은 블로아 성(Château de Blois)을 떠나 오를레
앙으로 모두 모여들었다. 프랑소와 2세의 병세가 급속도로 악화되자 추
기경 샤를의 명령에 따라 왕국 내 모든 성당과 수도원이 일제히 왕의 쾌
유를 기원하는 기도에 들어갔다.

　왕실 주치의들이 어떻게든 왕을 살려보려고 애쓴 보람도 없이 1560년
12월 5일 프랑소와 2세는 오를레앙의 그로슬로 호텔에서 16살의 나이로
후사 없이 사망했다.

　그의 재위기간은 고작 17개월이었고 바로 밑의 동생 샤를이 샤를 9세
로 프랑스 왕위에 올랐다. 10살짜리 후임 왕의 섭정은 왕의 어머니 카트
린 드 메디치가 맡게 되었으며 기즈공들은 궁정에서 물러났다. 섭정 모

후 카트린 드 메디치는 며느리 메리 스튜어트에게 왕실 보석 목록을 요구했고 그녀는 메리의 모든 보석들을 돌려받았다.

죽어가는 프랑소와 2세의 침대 곁에 무릎을 꿇고 있는 메리 스튜어트와 오른쪽 의자에 앉아 있는 카트린 드 메디치 그리고 샤를 드 로렌 추기경과 기즈공 프랑소와 그리고 곧 왕이 될 샤를 9세가 의자 뒤에 서 있다. 피에르 뒤피(Pierre Dupuis) 작. 1865년

1560년은 메리에게 너무도 가혹한 해였다. 그녀는 6월에 어머니 마리 드 기즈를 잃었으며 12월에는 남편까지 잃었기 때문이다.

메리는 상복을 입고 상중에 돌입했다. 전통에 따라 미망인은 40일 동안 온통 검은색으로 치장된 방에 들어가야 했는데 그녀는 이모가 수녀원장으로 있는 생 피에르-레-담 수녀원(Abbaye Saint-Pierre-les-Dames)에 들어가기를 희망했다. 그곳에서 그녀는 어머니의 시신을 스코틀랜드의 에딘버러 궁에서 랭스로 옮겨왔고 수도원 지하묘지에 매장했다.

생드니 사원에 매장되어 있는 프랑소와 2세의 묘

메리 스튜어트는 남편이 사망한 지 8개월이 지난 1561년 8월 14일, 시댁 식구들의 무관심 속에 칼레(Calais)에서 배를 타고 프랑스를 영원히 떠났다.

스코틀랜드로 돌아온 메리 스튜어트는 프랑스에서 그녀가 받은 교육 수준에도 불구하고 당시 스코틀랜드 궁정에서 벌어지고 있는 온갖 권모술수에 제대로 대처하지 못하고 있었다.

당시 스코틀랜드도 프랑스처럼 종교분쟁으로 왕국이 분열되어 있었다. 이 나라 출신의 종교개혁가 존 녹스(John Knox, 1514~1572)가 1559년 스위스에서 돌아와 신교도들에게 힘을 실어주자 당황한 카톨릭 세력들은 구교도인 메리 여왕을 중심으로 결집하였다.

어머니가 사망하고부터 스코틀랜드의 섭정을 맡고 있던 메리의 이복 오빠 모레이 백작 제임스 스튜어트(James Stuart, comte de Moray)는 반대편인 신교도의 우두머리였다.

스코틀랜드 궁정은 구교도보다는 신교도들이 득세하고 있었고 이미 영국과의 국력 차이를 느낀 귀족들은 상당수 프랑스와의 동맹에 회의를 느끼며 영국과 화친해야 한다는 입장이었다.

메리 여왕은 오랜 기간 떠나 있던 스코틀랜드에 정이 없었고 또 왕국 내 그녀의 지지기반도 없는 상태에서 딱히 그녀가 할 수 있는 일이란 없었다.

그녀가 오랜 시간 누려왔던 품위 있는 생활(댄스파티나 화려한 드레스와 보석 구입 등)을 고집하자 그녀의 사치스러운 취향에 대해 존 녹스가 비판하고 나섰다.

얼핏 남자들의 정치적 계산이나 야심을 순진한 듯 모르는 척하는 여왕이었으나 기실 그녀는 명석한 두뇌의 소유자였다.

메리는 신교도 귀족들에게 맞서기에는 자신의 군사력이 턱없이 부족하다는 사실을 잘 알고 있었다. 그래서 점점 자신의 세력을 늘려가고 있던 이복오빠 제임스 스튜어트를 자신의 가장 최측근 고문으로 두면서 궁정에서 조심스러운 행보를 이어갔다. 그리고 그녀는 의도적으로 신교도를 옹호하는 발언을 자주 했다.

엘리자베스 영국 여왕(Elisabeth, reine d'Angleterre)의 초상화. 엘리자베스 여왕은 메리 스튜어트의 5촌 당숙모가 된다.

1561년 메리 여왕은 자신의 5촌 당숙모가 되는 잉글랜드 여왕 엘리자베스(Elisabeth I, reine d'Angleterre, 1533~1603)를 스코틀랜드로 초대했다. 그것은 서로의 정치적 관계를 개선하고자 하는 메리의 화해의 제스처였으나 엘리자베스 여왕은 이 초청을 거절했다.

메리 여왕의 결혼협상에 대한 논의로 스코틀랜드 궁정은 연일 시끄러웠다. 심지어 엘리자베스 여왕은 자신의 오랜 정부인 로버트 더들리(Robert Dudley, 1532~1588) 백작을 메리의 남편감으로 추천하면서 대놓고 메리를 모욕했다.

MARIE · STVART · ROYNE · DE·FRANCE·ET·DECOS·

블로아성(Château de Blois) 2층 왕비의 침실에 걸려 있는
메리 스튜어트의 초상화. 흰 상복을 입은 앳된 얼굴의 메리 스
튜어트의 모습은 남편을 잃은 슬픔 속에서도 기품을 잃지 않
은 왕비의 자태를 보여주고 있다.

스코틀랜드 귀족들은 메리가 해외의 왕이나 왕세자와 결혼해 영국을 견제할 수 있기를 바랐다. 그러나 메리 여왕의 남편감으로 최종 낙점된 인물은 메리와는 같은 할머니를 둔 사촌 단리경 헨리 스튜어트(Lord Darnly, Henry Stuart, 1545~1567)였다. (단리경 헨리는 헨리 8세의 누나인 마르그리프 튜더의 두 번째 남편 아치볼트 더글라스의 외손자이다.)

메리 스튜어트의 두 번째 남편인 단리경 헨리 스튜어트(Henry Stuart, Lord Darnley)의 초상화. 1564년경

1565년 7월 29일 메리 여왕과 단리경 헨리는 홀리루드 궁(Palais Holyrood)에서 결혼식을 올렸다. 신부의 나이는 23살, 신랑의 나이는 20살이었다. 이 결혼으로 단리경은 알바니 공작 작위를 받았고 여왕의 배우자라는 호칭으로 불리게 되었다.

메리 여왕은 결혼 후 얼마 지나지 않아 남편 헨리가 자신의 배우자감으로 적합한 인물이 아니라는 걸 간파했다. 단리경은 성숙하지 못한 인격을 지닌 인물이었다. 그는 철부지였고 거만한 성격에 매사 안하무인으로 행동했으며 술주정뱅이였다.

1566년 6월 메리 여왕은 아들 제임스 6세를 낳았다. 단리경은 왕세자의 아버지가 되자 왕비의 배우자에서 자신에게 '왕'이라는 칭호를 쓰게 해달라고 떼를 썼고 실제로 왕처럼 행동했다.

단리경의 도를 넘는 행동에 메리도 그에게 점점 정이 떨어졌다. 두 사람 사이가 완전히 깨진 것은 메리의 개인비서인 다비드 리찌오(David Rizzio, 1533~1566)가 단리경이 사주한 반란세력에 의해 무참히 살해되면서 정점에 달했다. 단리경은 메리와 리찌오의 관계를 의심했었다.

홀리루드 궁(Palais de Holyrood)에서 벌어진 다비드 리찌오(David Rizzio)의 암살 장면을 묘사한 그림

이 사건으로 인해 두 사람의 결혼생활은 사실상 종지부를 찍게 되었다. 그리고 여왕은 리찌오 살해사건을 눈앞에서 목격한 트라우마로 인해 아버지로부터 물려받은 신경성 발작 증세가 도져 눈이 안 보이며 실어증에 걸려 한동안 고통에 시달렸다. 프랑스에서 데려온 유능한 의사들 덕

분에 그녀는 간신히 몸을 추스를 수 있었다.

부부는 별거에 들어갔으며 단리경은 에딘버러에 있는 자신의 궁에 칩거 중이었다. 1567년 2월 10일 밤, 커다란 폭발음과 함께 단리경의 궁은 삽시간에 화염에 휩싸였다. 이튿날 정원에서 발견된 단리경의 시체는 목이 졸려 있었다.


이 사건은 메리 여왕 자신에게는 귀찮은 남편을 떼어낸 것 같은 시원함은 있었을지 모르나 그녀의 명성에는 회복 불가능한 오점을 남기게 된다. 어찌 되었든 사건의 범인으로 지목된 인물은 몇 달 전부터 여왕의 애인이 된 보스웰 백작 제임스 햅번(Comte de Bothwell, James Hepburn, 1534~1578)이었다. 법정에 소환된 그는 다분히 여왕을 의식한 재판관들의 우호적인 판결로 법정에서 무죄를 확정 받았다.

여왕과 보스웰 백작은 1567년 5월 15일, 홀리루드 궁에서 비밀리에 결혼식을 올렸다고 전해진다. 어쨌든 두 번째 남편이 죽은 지 3개월 만에 세 번째 결혼을 한 여왕의 경거망동한 행동은 그녀의 운명을 비극적으로 치닫게 하는 계기가 된다.


한 나라의 여왕이라는 사람이 사랑이라는 감정으로 별 쓸모없는 자신의 봉신과 결혼을 한다는 것은 비난받아 마땅하다. 자신의 지위를 활용해서 외국의 왕과 결혼을 했었다면 그보다는 왕국의 이익에도 훨씬 도움이 됐을 것이기 때문이다.

스코틀랜드의 신교도 귀족들은 더 이상 부정한 여왕을 모실 생각이 없었다. 귀족들은 여왕과 보스웰 백작을 사로잡아 로슈 레벤성(Château de Loch Leven)에 가두고 그녀의 왕위를 아들에게 양위할 것을 강요했다.

1567년 7월 20일경 메리 여왕은 쌍둥이를 유산했다. 그리고 7월 24일 강압에 못이긴 여왕은 이제한 살이 된 아들 제임스에게 왕위를 물려주고 스코틀랜드 여왕의 지위에서 물러났다. 여왕이 양위했다는 소식을 들은 구교측의 귀족들이 얼마 안 되는병력을 모아 메리를 다시 복위시키자는 움직임이일었다.

그 결과 구교도와 신교도의 귀족들은 1568년 5월2일 랭사이드 전투(Bataille de Langside)를 벌였으나여왕측이 패했다. 신변에 위협을 느낀 메리 여왕은잉글랜드로 도망갔다.

메리 스튜어트의 아들 제임스 6세(Jacques VI d'Ecosse)의 초상화. 존 드 크리츠(John de Critz) 작. 1604년. 스코틀랜드 내셔널 갤러리 소장

그리고 그녀는 5월 19일, 카리슬에서 잉글랜드의 여왕군에게 사로잡혔다. 이때 메리는 유명한 말을 남기는데 그녀는 자신의 치마에 '나의 끝에는 나의 시작이 깃들어 있다'라는 문구를 새겼다.

엘리자베스 여왕은 메리 스튜어트의 단리경 암살 혐의에 대해 어떠한결론도 내리기를 주저하면서 재판보다는 그녀가 남편의 암살에 어떻게개입했는지에 대해 수사할 것을 명령했다.

메리 스튜어트는 이듬해인 1569년 1월까지 볼튼에 수감되어 있었고,

그녀의 남편 살해 혐의에 대한 수사팀이 요크에 꾸려졌다.

엘리자베스 여왕은 어떻게든 메리 스튜어트에게 살인죄를 선고하고 싶지 않아 했고 메리 또한 잉글랜드의 법정에서 내리는 그 어떤 선고도 인정하기를 거부했다.

사실 엘리자베스 여왕은 잉글랜드 밖으로 메리를 추방하고 그녀를 따르는 무리들을 통제하는 것으로 충분하다고 생각했다. 그럼에도 그녀는 이 사건의 열쇠는 메리가 보스웰 백작에게 쓴 편지의 진위에 달렸다고 굳게 믿었다.

마침내 모튼 백작이 8통의 편지를 발견했다고 발표했을 때 운명의 여신은 더 이상 메리 스튜어트의 편이 아니었다.

메리 스튜어트는 그 8통의 편지는 자기가 쓴 것이 아니며 그것은 모함에 의해 조작된 편지라고 항변했다. 그럼에도 그녀는 자신의 변론을 재판장에게 서면으로 제출하라는 명령은 거부했다. 아마도 메리는 서면으로 제출할 시 자신의 필체가 발각되는 것을 두려워한 듯하다.

결국 메리는 서면 제출을 거부했고 엘리자베스 여왕은 메리가 원하는 법정 출두 변론을 승인해 주지 않았다.

서체 분석 결과, 8통의 편지는 메리 스튜어트가 쓴 것으로 판명이 났지만 재판 결과는 그녀의 유죄를 선고하지 못하고 있었다. 그 와중에 편지 원본은 유실됐고 편지의 복사본들은 완전한 내용을 담고 있지 않았다.

엘리자베스 여왕은 메리의 가택연금을 명령했다. 잉글랜드에 무일푼으로 도착한 메리였지만 엘리자베스는 메리에게 거처와 연금 그리고 많은 시녀들을 붙여주었다.

메리 스튜어트는 그 후 18년 동안 잉글랜드 전역의 이 성, 저 성을 옮겨 다니며 유폐 생활을 하게 되었다. 그녀의 일거수일투족은 감시당했고 슈르즈베리 백작부인인 베스 하드윅(Bess de Hardwick)이라는 무시무시한 여자가 그녀의 수석 경호담당을 맡았다.

비록 연금 상태에 놓여 있었다고 해도 메리는 규칙적인 산책이나 제한된 장소에서의 사냥 등을 할 수 있었고 프랑스 친척들과 편지 왕래를 할 수 있는 등 아주 숨 막히는 생활은 아니었다.

그녀는 그러나 대부분의 시간을 자수 놓는 데 활용했고 시녀들과 담소하며 차를 마시는 시간을 가장 좋아했다. 그럴 때면 그녀는 유년시절 풍요롭고 행복하게 지냈던 프랑스 궁정이야기를 자주 측근들에게 들려주었다고 한다.

18년이란 긴 가택연금 상태의 메리 스튜어트에게 몇 번의 위기와 기회가 찾아왔다. 사실 엘리자베스 여왕의 입장에서는 메리가 잉글랜드에 있는 것 자체가 골칫거리였다.

언제라도 메리를 구심점으로 한 잉글랜드 내 카톨릭 세력들의 결집이 그녀에게 위협이 될 수 있기 때문이다. 이웃나라인 프랑스나 에스파니아가 메리의 가택연금에 대해 가까스로 묵인하고 있기는 하지만 그 두 나라는 엄연한 카톨릭 국가였고 스코틀랜드의 동맹국들이었다.

웨스트민스터 사원(Abbaye de Westminster). 메리 스튜어트의 아들 제임스 1세가 어머니의 유해를 이곳으로 옮겨왔고 지금까지 그녀는 이곳에 잠들어 있다.

그러던 1586년 8월 11일, 드디어 일이 터지고 말았다. 엘리자베스 여왕을 암살하고 메리 스튜어트와 노퍽공작을 결혼시켜 두 사람을 잉글랜드의 군주로 추대하려 한 음모가 발각되었기 때문이다.

역사가들은 이 음모사건이 메리 스튜어트의 정적들에 의해 연출되었다고 지금도 의심하고 있긴 하지만, 어찌 되었든 이번 사건으로 인해 메리는 엘리자베스에게 더 이상 두고 볼 수 없는 짐이 되고 말았을 뿐만 아니라 메리의 사형 선고에 결정적인 빌미가 되었다.


그럼에도 엘리자베스는 메리의 사형 집행문에 서명을 하지 않고 있었다. 그녀는 자신의 혈육을 처형했다는 선례를 남기고 싶지 않았고 카톨릭 교도들에게 반란의 불씨를 제공하고 싶지 않았기 때문이다.

그러나 잉글랜드의 귀족들로부터 한시바삐 메리 스튜어트를 처형해야 한다는 청원이 빗발쳤고 국민들도 메리를 처형시켜야 한다는 여론으로 들끓었다. 이런 저런 이유를 대며 시간을 끌던 엘리자베스 여왕은 할 수 없이 사형집행문에 서명했다.


마침내 메리 스튜어트의 사형집행일은 1587년 2월 8일 아침 8시로 결정되었다.

메리는 자신의 처형 소식을 담담히 전해 들었고 받아들였다. 그 대신 그녀는 몇 가지 조건을 붙였다. 자신을 프랑스의 랭스 수도원에 있는 어머니 곁에 묻어줄 것, 공개된 장소에서 처형할 것, 그리고 자신을 오랜 세월 뒷바라지 해준 시녀들에게 연금을 줄 것 등을 요구했다.

메리 스튜어트의 처형 장면. 마지막 순간에 곁에 있던 시녀 제인 케네디가 메리의 눈에 스카프를 매어주고 있다. 아벨 드 쀠졸(Abel de Pujol) 작. 발렌시엔 보자르 미술관 소장

2월 8일 새벽 메리 스튜어트는 일찌감치 잠자리에서 일어났다. 그리고 그녀는 자신의 마지막 날을 위해 몸단장을 했다. 탈모로 고생하던 그녀는 가발을 정교하게 빗어 고정하고 화장도 옅게 했다.

1m 80cm가 넘는 장신이었던 그녀는 굽 낮은 검은색 단화를 신었다. 그녀는 붉은색 드레스를 입기로 했다. 그것은 순교자의 복장이었다.

그때 사형집행 시간이 10시로 연기되었다는 전갈이 왔다. 시간이 남자, 메리는 책상 앞에 앉아 차분하게 마지막 편지를 써 내려갔다. 그것은 시동생인 프랑스 왕 앙리 3세에게 보내는 것으로 이상하게 슬프지만 비장한 편지였다.

　이윽고 사형집행 시간이 되자 메리 스튜어트는 붉은색 드레스 위에 검은 망토를 걸치고 집행장으로 나갔다. 메리의 처형은 검으로 하는 것이 거부되었다(프랑스에서는 신의 심판을 상징하는 의미로 검을 사용하는 게 일반적이었다).

　당시 처형장에 있던 사람들의 증언에 의하면 집행자는 술이 이미 많이 취해 있었다고 한다. 메리의 시녀들이 그녀의 겉옷을 벗기려 하자 집행자들이 달려들었다고 한다. 왜냐하면 죽는 사람의 옷을 집행자가 가져가는 것이 관례였기 때문이다.

　메리가 자신은 많은 남자들 앞에서 옷을 벗어본 적이 없다고 말하자 결국 그녀는 옷을 다 입은 채로 처형되었다. 메리가 처형 후에 자신이 나체가 되는 것을 걱정하자 시녀 제인 케네디가 그녀의 눈에 스카프를 매주었다.

　술에 취한 집행인이 비틀거리며 첫 번째 도끼를 내리쳤는데 그는 메리의 뒤통수 뼈를 가격하여 그녀는 극심한 고통으로 신음했다.

　두 번째 도끼질은 뒷목을 쳐서 그녀의 묵주가 바닥에 떨어져 으깨졌고 그녀는 절명했다. 세 번째에야 그녀의 목이 떨어졌다.

　집행자가 메리의 머리를 주워 주위 사람들에게 보여주려고 집었는데 가발만 집고 머리는 땅에 떨어졌다. 다시 주워든 집행자가 메리의 머리를 성의 발코니에 걸쳐 놓았고 하루 동안 전시되었다.

이렇게 하여 메리 스튜어트는 1587년 2월 8일 아침 10시에 포터링헤이(Château de Fotheringhay) 성에서 처형당했다. 그녀의 나이 44살이었고 왕으로 처형당한 첫 번째 여왕이었다.

가까운 친척이었으면서도 평생토록 메리와 엘리자베스는 한 번도 서로 만나지 않았다.

메리 스튜어트의 시신은 처음에는 피터보루 대성당(Cathédrale Peterborough)에 매장되어 있었는데, 1612년 그녀의 아들 제임스 6세가 웨스트민스터 사원으로 옮겼다. 현재 그녀의 무덤은 엘리자베스 여왕의 무덤과 불과 10m 떨어진 곳에 있다.

웨스트민스터 사원(Abbaye de Westminster)에 잠들어 있는 메리 스튜어트의 묘

처녀로 죽은 엘리자베스 여왕의 뒤를 이어 잉글랜드의 왕위는 메리 스튜어트의 외아들 제임스 6세(Jacques Ⅰ, roi d'Angleterre, 1566~1625)가 잉글랜드의 제임스 1세로 왕위를 물려받았다.

그는 한 살이 되기도 전에 어머니와 떨어져 어머니의 반대 세력들의 손에서 자랐다. 어머니에 대해 애정을 갖고, 그녀를 이해하기에는 그가 자라온 환경이 너무 편협했다.

그는 어머니가 사형선고를 받았을 때도 다만 선처를 바란다는 극히 형식적인 편지를 엘리자베스 여왕에게 보냈을 뿐, 어머니를 위한 어떠한 행동도 취하지 않았다. 스코틀랜드 여왕 메리 스튜어트는 그 후 150년간 이어진 영국의 스튜어트 왕가의 선조가 되었다.

# 8.

# 마르그리뜨 당굴렘

(Marguerite d'Angoulême, 1492.4.11.~1549.12.21.)

"'프랑스의 진주'라 불린 초기 종교개혁의 옹호자"

MARGUERITE D'ANGOULEME
REINE DE NAVARRE

앙굴렘 성(Château d'Angoulême) 전경. 현재 이 성은 앙굴렘 시청사로 쓰이고 있다.

마르그리뜨 당굴렘은 1492년 4월 11일 아버지의 영지인 앙굴렘에서 태어났다. 그녀의 아버지 샤를 도를레앙(Charles d'Orléans, 1459~1496)은 프랑스 왕 샤를 5세의 증손자로 이 오를레앙 가문 사람들은 사실상 백년 전쟁의 최대 피해자들이었다.

마르그리뜨의 아버지 앙굴렘 백작 샤를 도를레앙(Charles d'Orléans). 후대에 그려진 상상화이다. (좌)

마르그리뜨의 어머니 루이즈 드 사보아(Louise de Savoie) (우)

샤를 도를레앙의 아버지 장 당굴렘(Jean d'Angoulême)과 큰아버지 샤를 도를레앙(Charles d'Orléans)은 영국에서 무려 30년 가까이 포로생활을 하며 왕국의 왕자로서 누려야 할 좋은 시절을 모두 **빼앗긴** 기구한 삶을 살았다.

그러나 고난 후에 기쁨이 찾아오듯 샤를 8세 이후 적통이 끊긴 프랑스 왕의 자리는 이 오를레앙 가문사람들이 차지하게 되어 루이 12세(Louis XII, roi de France)는 발로아-오를레앙 왕조(Dynastie Valois-Orléans)로, 프랑소와 1세(François I, roi de France)는 발로아-앙굴렘 왕조(Dynastie Valois-Angoulême)로 발로아 왕조의 방계가문으로서 프랑스의 왕위를 잇게 된다. 선조들의 고난 덕분에 후손들이 왕의 자리에 오르는 기쁨을 누리게 된 것이다.

마르그리뜨의 아버지 샤를 도를레앙은 문학적 소양을 갖춘 지식인이었으며 예술을 사랑한 인물로 그는 일평생 영주로서의 즐거운 삶을 마음껏 누렸던 사람이었다. 그러나 샤를 도를레앙은 너무 일찍 세상을 떠났다.

마르그리뜨의 어머니 루이즈 드 사보아(Louise de Savoie, 1476~1531)는 프랑스 동남부의 강력한 공국인 사보아 공국의 공작녀로 태어났다. 그러나 그녀는 어려서 어머니를 여의는 바람에 당시 샤를 8세의 섭정을 맡고 있던 외숙모 안 드 프랑스(Anne de France)에게 맡겨져 프랑스 궁정에서 어린 시절을 보냈다.

당시 샤를 8세의 섭정을 맡고 있던 왕의 누이 안 드 프랑스가 그녀의 외숙모였기 때문에 그녀는 자연스레 궁정생활을 익히며 왕실의 법도를 배웠다.

루이즈 드 사보아는 독실한 카톨릭 교도로서 깊은 신앙심을 지닌 교양 있는 여인이었다. 어린 나이에 과부가 되었음에도 두 자녀를 훌륭하게 키워낸 여장부이기도 하다.

마르그리뜨라는 이름은 그리스어로 '진주'라는 뜻인데 어머니 루이즈 드 사보아가 그녀를 임신했을 때 굴이 너무 먹고 싶어서 급하게 먹다가 진주를 삼켰다고 한다.

그런 이유로 어머니는 딸의 이름을 마르그리뜨로 지었다는 이야기가 전해지는데 그녀를 '발로아의 진주'라고 부르는 까닭은 이 때문이다.

마르그리뜨는 너무 일찍 아버지를 여읜 슬픔 빼고는 자애로운 어머니와 학구적인 분위기의 집안 환경 속에서 놀이와 웃음과 풍요로움 속에 두 살 터울의 남동생 프랑소와와 더불어 행복한 유년시절을 보냈다.

어머니 루이즈 드 사보아가 그녀의 성에 식객으로 잠시 머문 이탈리아 출신의 수도사 프란체스코 드 파올로로부터 아들 프랑소와가 장차 왕이 될 운명이라 예언한 것을 전적으로 믿고 아들을 왕으로 만들 생각밖에 없었듯이, 그녀도 동생 프랑소와를 교양 있는 지성인으로 만들기 위해 동생의 손에 늘 책을 쥐어주곤 했다.

앙굴렘 성의 '마르그리뜨의 탑(Tour de Marguerite)'. 마르그리뜨는 1492년 이 탑의 방에서 태어났다.

마르그리뜨 역시 평생 글쓰기와 명상에 몰두할 수 있었던 것은 어려서부터 우수한 스승들을 만나 그들의 가르침을 받았기 때문인 것도 있지만, 이는 그 스승들을 그녀에게 소개해 준 어머니의 지원 없이는 불가능한 일이었다.

많은 자서전 작가들이 이 두 남매에게 당대의 지성인들을 스승으로 삼게 해준 어머니 루이즈 드 사보아의 교육적 지원을 과소평가하는 면이 있는데 이것은 안타까운 일이다.

마르그리뜨와 프랑소와의 스승들이 하나같이 당대의 우수한 인재들이었던 것은 결코 우연이 아니다. 이 두 남매의 상식과목은 블랑슈 드 뚜르농이 맡았고 철학과목은 로베르 위로가, 그리스어는 프랑소와 뒤믈랑이, 라틴어는 프랑소와 로슈포가 각각 가르쳤다.

마르그리뜨는 일생 시인이었으며 여류작가였고 초기 종교개혁의 신념을 가진 성직자와 사상가의 후원자였다. 그리고 동생인 프랑소와 1세의 외교사절로 대외적으로도 활발하게 활동한 당대 최고의 여성 지식인이었다.

마르그리뜨는 키가 크고 날씬했으며 창백한 흰 피부를 지녔고 그다지 미인은 아니었으나 뛰어난 지성미 덕분에 주변국에도 그녀는 훌륭한 신붓감이라는 소문이 자자했다. 사실 당시 왕비들이 겨우 글자를 깨우친 정도의 지적 수준인 경우가 많았던 것에 비하면 마르그리뜨는 매우 똑똑한 여성임에는 틀림없다.

8살 무렵부터 마르그리뜨에게 결혼후보자들이 줄을 이었다. 몽페라 후작을 선두로 잉글랜드의 웨일즈 왕세자 아더, 그리고 요크 공작 헨리 (후에 헨리 8세), 덴마크 왕 크리스티안 2세 등이 그녀의 남편감으로 추천 되었다.

그러나 이런 쟁쟁한 후보자들을 물리치고 어머니 루이즈 드 사보아가 고른 사윗감은 당시 앙굴렘 가문과 소송중이었던 알랑송 공작 샤를 4세 (Charles Ⅳ duc d'Alençon, 1489~1525)였다. 1509년, 17살의 마르그리뜨는 20살의 샤를과 결혼했다.

샤를 달랑송(Charles d'Alençon)의 초상화. 17세 기 데생화. 마르그리뜨의 첫 번째 남편이다.

마르그리뜨의 남편 샤를 달랑송의 가계를 보면, 샤를은 큰 할아버지 샤 를 아르마냑(Charles d'Armagnac)이 자식 없이 죽자 아르마냑과 로데의 백작 작 위와 영지를 물려받았고 아버지 르네 달랑송(René d'Alençon)으로부터 알랑송 공작 작위를 물려받았다고 한다. 샤 를 달랑송은 1507년 루이 12세를 따 라 이탈리아 원정을 다녀온 이후 평 생을 전쟁터에서 살았던 군인이었다. 그는 마르그리뜨와 결혼한 이후에 는 처남 프랑소와 1세 밑에서 여러 전투에 참가해 승리를 거두기도 했다.

마르그리뜨는 결혼 후 남편의 영지인 알랑송 성에서 시어머니와 함

프랑소와 1세(François I, roi de France)의 초상화. 1530년경. 장 클루에(Jean Clouet) 작. 파리 루브르 박물관 소장

께 살았다. 남편 샤를은 늘 전쟁터에 나가 있어 성을 비웠고 독실한 카톨릭 신자였던 시어머니 마르그리뜨 드 로렌 보데몽 공작부인(Marguerite de Lorraine-Vaudémont)은 완고하고 철두철미하게 신앙적인 삶을 사는 전형적인 중세의 귀족부인이었다.

자유로운 환경에서 자란 그녀는 어둡고 음침한 중세풍의 성에 갇혀 수녀와 같은 삶을 사는 시어머니와의 동거가 무엇보다 힘들었다. 그리고 문맹이었던 남편과 교양 있는 대화조차 나눌 수 없던 것이 그녀를 숨 막히게 했기 때문에 총체적으로 그녀의 결혼생활은 결코 행복하지 않았다.

그렇게 6년여의 답답한 세월을 보내다가 1515년, 드디어 동생이 루이 12세의 뒤를 이어 프랑소와 1세로 프랑스의 왕이 되자 점차 그녀의 주변 환경에도 변화가 생기기 시작했다.

마르그리뜨는 왕이 된 동생으로부터 많은 선물을 받고 궁에서 열리는 여러 파티와 화려한 무도회에 자주 초대되었다. 그녀는 올케인 끌로드 왕비가 임신했을 때 왕실 주요행사에 공식적으로 왕비 대행을 수행하기도 하는 등 바쁜 나날을 보내게 되면서 갑갑했던 시댁에서의 생활에서 벗어나 점차 동생의 궁에서 지내는 일이 많아졌다.

그러나 1520년 즈음, 당시 프랑스는 종교개혁이라는 거대한 물결이 일기 시작하는 시기였고 마르틴 루터보다 앞서 신학자이며 인문주의자인 자끄 르 페브르 데따플(Jacques Lefèvre d'Etaples, 1460~1536) 같은 인물이 등장한 시기였다.

그는 프랑스 위그노파의 창시자 중 한 사람으로 성서, 특히 신약을 재해석하는 일에 몰

자끄 르페브르 데따플(Jacques Lefèvre d'Etaples). 프랑스 출신의 신학자이며 초기 인문학자로 마르그리뜨의 스승이다.

두했었던 인물로 바울서신에 주석을 단 복음서를 펴내기도 했다.

모의 대성당(Cathédrale Saint-Etienne de Meaux). 파리 북쪽의 작은 도시 모.
중세에는 종교개혁의 물결이 거세게 일던 도시였다.

전통적으로 카톨릭을 수호하는 나라로 자처해온 프랑스는 큰 혼란에 빠졌다. 더구나 프랑스 왕실은 몇 차례나 십자군 원정(2차, 3차, 7차, 8차)을 주도해온 나라였고 바티칸과는 긴밀하게 협조하는 관계였다.

그러나 마르그리뜨의 성향은 기득권층이 개혁이나 개방을 두려워하는 그것과는 거리가 멀었다. 그녀는 늘 열린 생각을 갖고 있었으며 모든 새로운 것에 대한 거부감이 전혀 없는 여인이었다. 오히려 그녀는 자끄 르 페브르 데따플이 주장하는 "인간은 행위에 의해서가 아니라 믿음에 의해서 구원에 이른다"는 기독교 교리를 굳게 믿게 되었다.

마침내 자끄 르 페브르 데따플은 1521년에 소르본 대학으로부터 이단으로 분리되어 종교 재판에서 유죄 판결을 받았다.

모의 대성당 벽면에 붙여진 포스터. "모의 소모임(Cénacle de Meaux)"이라 불린 이 모임에는 프랑스의 초기 종교개혁가와 인문주의자들이 정기적으로 모임을 가졌다.

그러나 마르그리뜨가 동생 프랑소와 1세에게 탄원하여 자끄 르 페브르 데따플은 간신히 화를 면하기도 했다. 후에 마르그리뜨는 자신의 영지인 네락(Nérac)에 르 페브르를 초대해 1536년 그가 사망할 때까지 그의 후견인으로 그를 보살펴주었다.

그리고 또 다른 종교개혁가인 모(Meaux)의 주교 기욤 브리소네(Guillaume Briçonnet, évêque de Meaux)와 정기적인 서신을 교환하며 그와 친분을 쌓은 마르그리뜨는 그의 종교관에 깊이 감화되었다.

그녀가 기욤과 주고받은 편지에는 그녀의 정신적으로 성숙해지는 과정이 고스란히 남아 있다. 일명 '모(Meaux)의 소모임'이라 불리는 종교개혁가들의 모임에 정기적으로 참석

모의 주교 기욤 브리소네(Guillaume Briçonnet)를 기리는 포스터. 2016년. 기욤과 마르그리뜨는 많은 서신을 주고받으며 우정을 쌓았고 그는 마르그리뜨에게 많은 영향을 주었다.

해 그들의 사상에 완전히 동화된 마르그리뜨는 급기야 부패한 로마 카톨릭에 대한 반박으로 가득찬 시들을 발표하기에 이른다.

보다 못한 소르본에서 마르그리뜨의 작품에 대한 징계 논의가 벌어졌

다. 그러나 프랑소와 1세가 이 징계위원회를 해산시킴으로서 그녀는 간신히 종교재판의 위기에서 벗어나기도 했다.

프랑스 종교개혁의 물결에 커다란 반향을 일으킨 이 '모(Meaux)의 소모임'에 참석한 인물들은 모의 주교 기욤 브리소네를 비롯해 프랑소와 1세의 궁정에서 도서관장을 맡았고 후에 꼴레주 드 프랑스의 창립자인 기욤 뷔데(Guillaume Budé), 그리고 유명한 궁정 설교가 제라르 루쎌(Gérard Roussel), 또 종교개혁가 칼뱅의 스승 기욤 파렐(Guillaume Parel) 등이 있다.

마르그리뜨가 그녀의 종교적 신념에 온 힘을 쏟고 있을 때 그녀의 남동생 프랑소와 1세는 젊은 패기를 주체 못한 듯 이탈리아의 밀라노 정벌을 위해 끊임없이 전쟁의 기회를 노리고 있었다.

마침내 그는 1525년 2월 수많은 귀족들과 함께 대망의 이탈리아 원정길에 올랐다. 그러나 이 파비아 전투에서 프랑스 군대는 신성로마제국의 카를 5세 군대에게 패배하고 심지어 왕이 포로로 잡히게 되는 초유의 사태가 발생했다.

마르그리뜨의 남편 샤를 달랑송도 당연히 처남 프랑소와 1세와 함께 전쟁에 참전하고 있었다. 샤를 달랑송은 1507년 루이 12세를 따라 이탈리아 원정을 다녀온 이후 평생을 전쟁터에서 살았던 인물로, 그는 마르그리뜨와 결혼한 이후에도 처남 프랑소와 1세 밑에서 여러 전투에 참가해 승리를 거두었던 용감한 장군이었다.

그러나 이 파비아 전투에서 합스부르그의 황제 카를 5세의 군대를 맞아 싸운 프랑스 군대가 대패하고 말았다. 더구나 왕은 포로로 끌려가고 그는 살아서 리옹으로 돌아오면서 일이 커지게 되었다.

전투 중에 말에서 떨어진 왕을 구해내지 못하고 사로잡히게 한 책임을 물어 프랑스 내에서 그에 대한 비난이 거세게 일었다. 이 일로 그는 귀족들은 물론이고 일반 국민들로부터도 엄청난 비난을 받았을 뿐만 아니라 파리의회로부터 고소당하는 등 말할 수 없는 고초를 겪게 되었다.

천성이 심약했던 샤를 달랑송은 사람들의 따가운 시선과 군대 지휘관인 자신이 군대를 버리고 홀로 살아 돌아왔다는 자책감에 시달리며 시름시름 앓다 그해에 병사하고 말았다.


마르그리뜨는 남편의 사망 소식을 듣고 그의 시신을 수습하러 리옹으로 떠났다. 남편의 장례식을 치르고 얼마 지나지 않아 그녀는 어머니 루이즈 드 사보아의 요청으로 감옥에 갇힌 동생 프랑소와 1세를 면회하기 위해 마드리드로 떠났다.

그녀는 합스부르그의 카를 5세와 동생의 석방을 위해 회동을 가졌으나 회담 결과는 실망스러운 수준이었다.

남편 샤를 달랑송이 죽고 두 사람 사이에 후계자가 없었으므로 남편의 작위는 그의 여동생 프랑소와즈 달랑송에게 넘어갈 예정이었으나 마르그리뜨는 시누이 프랑소와즈 달랑송(Françoise d'Alençon)에게서 남편의 모든 작위를 강탈하다시피 빼앗았다.


1527년 1월 24일 첫 남편과 사별한 지 2년이 지난 후 마르그리뜨는 나바르 왕 엔리케 2세 달브레(Henri Ⅱ d'Albret, roi de Navarre)와 재혼했다.

그들의 결혼식은 생 제르맹 엉레 성에서 거행되었으며 결혼식 후 마르그리뜨와 엔리케 2세는 나바르로 돌아가지 않고 프랑스 왕국에서 지냈다.

두 번째 결혼으로 마르그리뜨는 나바르의 왕비가 되었다. 당시의 나바르 왕국은 아라곤 왕국의 페르디난드 2세가 나바르의 동남부를 무력으로 에스파니아에 합병해 버렸기 때문에 왕국의 서쪽 지역만 통치하고 있었다. 엔리케 2세는 나바르 왕국의 반쪽을 다시 찾기 위해서 노심초사 하고 있는 상황이었다.

나바르 여왕 마르그리뜨의 문장

드디어 부부에게 커다란 기쁨이 찾아왔다. 결혼 이듬해인 1528년, 마르그리뜨가 생 제르맹 엉레 성에서 딸 잔을 낳았기 때문이다. 마르그리뜨와 엔리케 2세 사이에서 유일하게 살아남은 자녀인 잔 달브레(Jeanne d'Albret, reine de Navarre)는 나바르 왕국을 통치한 마지막 여왕이었으며 후에 부르봉 왕가의 선조가 되는 앙리 4세의 어머니이다.

나바르 왕 엔리케 2세(Henri II de Navarre). 엔리케 2세는 마르그리뜨의 두 번째 남편이며 이 부부의 손자가 후에 부르봉 왕조의 시조인 앙리 4세이다.

1530년 마르그리뜨는 아들 장이 생후 6개월 만에 죽고 이듬해에는 사랑하는 어머니마저 사망하는 바람에 계속해서 상복을 입게 되었다.

개인적인 슬픔 속에서도 그녀의 종교적 신념에는 변함이 없었다. 그즈음의 프랑스 사회는 카톨릭과 신교도 사이의 종교 갈등이 첨예하게 대립하고 있었다.

결국 1534년 일명 '벽보 사건(L'affaire des Placards)'이라 일컬어지는 사건이 발생했다. 1534년 10월 17일, 자정을 기해 신교도들이 성당의 미사를 반대하는 내용을 담은 벽보를 파리를 비롯해 블로아, 루앙, 투르, 오를레앙 등의 대도시에 붙이는 사건이 일어난 것이다.

심지어 프랑소와 1세의 침실 문에까지 벽보가 붙여지자 이 사건을 계기로 그동안 신교도들에 대해 우호적이었던 프랑소와 1세는 기독교를 이단으로 규정하고 신교도들을 박해하기 시작하는 계기가 되었다.

그동안 신교도로서 동생으로부터 엄청난 편의를 제공받은 마르그리뜨였지만 이 사건으로 인해 그녀는 더 이상 동생의 편의를 받을 수 없는 처지가 되고 말았다.

이 '벽보 사건'으로 인해 수많은 신교도들이 외국으로 도망가거나 추방되었고 또 일부는 참수되어 성벽 문에 매달리는 신세가 되었다.

신교도들의 후원자였던 마르그리뜨도 왕궁에서의 입지가 좁아졌다. 그녀는 하는 수 없이 동생의 궁을 떠나 자신의 영지인 나바르로 돌아갔다.

그녀는 나바르를 다스리게 되자 왕국의 동쪽 지역인 피레네 남부지역을 되찾기 위해 아라곤의 페르디난드(Ferdinand Ⅱ d'Aragon)의 손자인 카를 5세(Charles Quint)와 니스에서 만나 회담을 갖자고 제안했다. 그러나 만족할 만한 결과를 얻지는 못했다.

또 마르그리뜨는 카를 5세의 장남 필립(Philippe Ⅱ, roi d'Espagne)과 그녀의 딸 잔의 결혼계획도 함께 의논했으나 그녀의 계획은 모두 실패로 돌아갔다. 마르그리뜨는 그녀의 정치적인 영향력이 쇠퇴할수록 문인들을 후원하는 역할은 점점 강해졌는데 그것은 그녀에게 헌정되는 문인들의 작품이 많다는 데서도 알 수 있다.


니콜라 부르봉(Nicolas Bourbon), 장 살몽(Jean Salmon), 폴 파라디(Paul Paradis), 에티엔 돌레(Etienne Dolet), 마티유 반델로(Mathieu Bandello), 라블레(Rabelais), 뤼기 알라마니(Luigi Alamanni) 등이 그들의 작품을 마르그리뜨에게 헌정한 당대의 유명한 문인들이었다.

1542년 말부터 마르그리뜨는 누벨 아키텐(Nouvelle-Aquitaine) 지방의 아름다운 도시 몽드막상(Mont-de-Marsan)을 그녀의 은둔지로 삼아 본격적으로 『엡타메롱(L'Heptaméron)』을 저술하기 시작했다.

1513년에 복음주의에 입각해 저술한 『죄 있는 영혼의 거울』이란 시집을 출간한 적도 있는 그녀는 이번에는 소설을 써 볼 생각이었다. 그래서 그녀는 이탈리아 출신의 인문주의자인 보카치오의 데카메론의 형식을 그대로 본떠 대부분 그녀가 수집한 실화를 바탕으로 인간의 도덕성에 대한 소설을 섬세한 필치로 써 내려갔다.

앙굴렘 성 앞에 세워진 마르그리뜨 당굴렘의 석상

전쟁터에 나간 남편을 대신해 나바르 왕국을 다스리며 조용한 삶을 영위하고 있던 마르그리뜨는 1547년 동생 프랑소와 1세의 문상과 조카 앙리 2세의 대관식에 참석하기 위해 다시 한번 파리를 방문하게 된다.

마르그리뜨는 동생의 죽음에 따른 상심이 워낙 커서 그녀의 역작인 『엡타메롱』에 대한 저술을 다 마치지 못하고 결국 미완성으로 남겨두게 된다.

원래 마르그리뜨는 보카치오(Giovanni Boccaccio)의 『데카메론(Décaméron)』(10일간의 이야기)에서 영감을 얻어 10편의 글을 쓰려고 했으나, 7편으로 마무리되어 영원히 미완성인 『엡타메롱』(7일간의 이야기)으로 남게 된다. 이 『엡타메롱』은 프랑스어로 씌어진 거의 최초의 단편집이다.


1548년, 마르그리뜨의 딸 잔이 많은 우여곡절 끝에 방돔 공작 앙트완 드 부르봉(Antoine de Bourbon, duc de Vendôme)과 결혼하게 되는데 마르그리뜨는 이 결혼을 반대해 필사적으로 막으려 했었다.

잔의 결혼상대인 앙트완 드 부르봉은 마르그리뜨의 전 시누이였던 프랑소와즈의 알랑송의 아들이었으므로 그녀의 반대는 당연한 것이었다.


1549년 12월 10일 피레네 산맥의 매서운 바람이 오도(Odos) 궁의 정원에 몰아칠 때 내키지 않은 정원 산책을 마친 마르그리뜨는 추위와 피로에 지쳐 잠자리에 들었다.

그즈음 그녀는 부쩍 불면증에 시달리고 있던 터라 시녀들의 만류에도 불구하고 겨울밤의 산책을 강행했던 것이다.

엡타메롱(Heptaméron)의 인쇄본. 마르그리뜨 당굴렘이 야심차게 저술하고 있던 엡타메롱은
사랑하는 가족들의 거듭된 사망으로 그녀가 실의에 빠져 지내면서 결국 미완성으로 남게 되었다.

ICI SONT INHVMES
LES ROIS DE NAVARRE DE LA FAMILLE
DES FOIX - BEARN

FRANÇOIS FEBVS ROI DE NAVARRE † 1483
JEAN DALBRET † 1516
CATHERINE DE FOIX
REINE DE NAVARRE † 1517
FRANÇOIS DALBRET † 1512
ANNE DALBRET † 1532
MARGVERITE D ANGOVLEME † 1549
REINE DE NAVARRE ET ECRIVAIN ILLVSTRE
HENRI II DALBRET
ROI DE NAVARRE † 1555

레스카 대성당(Cathédrale de Lescar). 역대 나바르 왕들의 묘역이 조성되어 있고
나바르 여왕 마르그리뜨도 이 성당에 잠들어 있다.

그러나 다음날부터 급성 폐렴으로 고생하던 마르그리뜨는 열흘 후인 12월 21일 57세의 일기로 숨을 거두었다. 그녀가 사망할 때 그녀 곁에는 아무도 없었으며 남편 엔리케 2세조차 너무 늦게 그녀의 장례식에 도착했다.

1550년 2월 10일, 역대 나바르 왕의 묘역이 있는 레스카 대성당에서 그녀의 장례식이 성대하게 치러졌다. 그로부터 5년 후인 1555년, 마르그리뜨의 두 번째 남편인 엔리케 2세도 그녀 곁에 묻혔다.

# 9.

# 안 드 보쥬

## (Anne de Beaujeu, 1461.4.?~1522.11.14.)

"냉철한 추진력으로 남자들의 세계에 맞선 왕의 딸"

ANNE DE BEAUJEU
REGENTE DE FRANCE
1460 - 1522

안 드 프랑스는 1461년 4월(생일은 미상)
에 부르고뉴 공국령인 브라반트 공국의 즈
나프(Genappe) 성에서 프랑스 왕 루이 11세
와 왕비 샤를로뜨 드 사보아의 장녀로 태어
났다.

안의 아버지 루이 11세(Louis XI roi de France,
1423~1483)는 프랑스 왕 샤를 7세(Charles VII
roi de France, 1403~1461)와 왕비 마리 당주
(Marie d'Anjou, 1404~1463)의 장남으로 발로
아 왕가에서 6번째로 왕이 된 인물이었다.

장 에이(Jean Hey)가 만든 제단화에 삽입되어 있는 안 드
보쥬의 초상화

안 드 보쥬의 아버지 루이 11세(Louis XI,
roi de France)의 초상화. 작가미상. 15
세기. 뉴욕 부르클린 미술관 소장

그는 독특한 세계관과 강력한 카리스마
를 지닌 인물로 일찍이 도팽 시절 무능했던
아버지 샤를 7세에게 반기를 들어 귀족들
과 연합하여 반역을 꾀하였다가 왕국군에
게 패배하여 아버지의 궁정에서 쫓겨났다.

도팽 루이는 부왕 샤를 7세가 지방 귀족
들의 군사권을 박탈하고 왕국의 상비군 체
제를 확립하려 했을 때 귀족들과 함께 '프
라그리의 난(Praguerie)'에 동참했다가 실패
하여 도망자 신세가 되었다.

안 드 보쥬의 어머니 샤를로뜨 드 사보
아(Charlotte de Savoie)의 초상화.
제단화에 삽입되어 있는 왕비의 모습이
다. 작가미상. 1472년경

부왕 샤를 7세는 아들에게 도피네 지역을 다스리게 하
는 대신 그곳을 벗어나지 못하도록 명령했다.

도팽 루이는 도피네(Dauphiné) 지방의 중심도시인 그
르노블(Grenoble)을 상공업의 중심지로 키웠으며 도팽 루
이 시절에 이곳은 괄목할 만한 발전을 이루었다.

그는 도피네 지역과 인접해 있는 사보아 공국에서 자
신의 세력을 강력히 형성하기 위해서 사보아 공작 루이
1세(Louis I de Savoie)의 딸 샤를로뜨(Charlotte de Savoie,
1441~1483)와 사보아 공국의 수도 샹베리(Chambéry)에서
비밀결혼을 했다. 당시 신부는 고작 6살이었으며 몇 년
전 상처한 루이는 30살이었다.

아들의 비밀 결혼을 알게 된 샤를 7세는 루이를 잡아들이기 위해 도피
네 지역으로 군대를 파견했다. 이 소식을 전해들은 루이는 황급히 아내
샤를로뜨와 함께 숙부 필립 3세(Philippe III, duc de Bourgogne)의 영지인 부
르고뉴 공국으로 달아났다.

그리하여 안 드 프랑스는 프랑스의 궁이 아니라 외국의 식민지령에서
태어난 것이다.

이렇게 아버지의 눈을 피해 이곳저곳으로 피신해 다니던 루이는 아버
지 샤를 7세가 살아 있는 동안 아버지를 만나지 않았으며 말년에 아버지

가 내민 화해의 제스처도 거절했고 물론 아버지의 장례식에도 참석하지 않았다.

그는 친척들의 궁정을 떠도는 동안 프랑스 왕실보다 강력한 그들의 지배력과 결혼으로 얻은 광활한 영토에 대해 늘 부러움을 갖고 있었다. 그래서 루이가 내린 결론은 강력한 왕국을 위해서는 유력한 귀족들과 결혼 동맹을 맺어야만 가능하다는 것을 절실히 느끼고 있었다.

그렇게 기다리고 기다리던 아버지의 사망 소식을 들은 루이는 1461년 8월 15일 랭스에서 대관식을 마치고 왕이 되었다.

왕이 되고 나자 루이 11세는 주변의 제후들과 자신의 자녀들을 결혼시켜 프랑스를 강력한 왕국으로 만들려는 야심을 본격적으로 드러냈다.

루이 11세가 첫 번째로 써먹을 정치적 협상의 타깃은 그의 장녀 안 공주였다. 안은 갓난아기였을 때 아버지에 의해 사촌간인 니콜라 드 로렌 (Nicolas de Lorraine)과 약혼했다.

니콜라는 퐁-타-무쏭(Pont-à-Mousson) 후작이며 로렌(Lorraine)과 바 (Bar), 앙주(Anjou), 멘느(Maine), 프로방스(Provence) 그리고 나폴리와 시실리의 상속자였다.

약혼이 아직 유효하던 시절 어느덧 9살이 된 안은 1470년 5월 아버지로부터 투아르(Thouars) 자작령과 마랑(Marin), 그리고 베리(Bérry) 지역의 영지를 하사받았다.

왕실에서 본격적으로 결혼 얘기가 나오고 있을 때 안의 약혼자 니콜라 드 로렌(Nicolas de Lorraine, 1448~1473)은 갑자기 일방적으로 약혼을 파기하였다.

이유는 그가 안 공주 말고 부르고뉴의 상속자인 마리 드 부르고뉴(Marie de Bourgogne)와 결혼하고 싶어 했기 때문이다. 그러나 니콜라 드 로렌은 마리 드 부르고뉴와의 결혼을 진행시키던 1473년 25살의 젊은 나이에 갑작스럽게 사망하였다. 일설에는 루이 11세가 보낸 자객에 의해 독살되었다고 한다.

안 드 보쥬의 남편인 부르봉 공작 피에르(Pierre de Beaujeu)

1473년은 안이 가까스로 결혼을 할 수 있는 연령인 12살이 되는 해였다. 안은 아버지에 의해 23살 연상의 피에르 드 보쥬(Pierre de Beaujeu, 1438~1503)와 몽 트리샤(Montrichard)에서 결혼했다.

신부 안은 12살이었고 신랑 피에르는 35살이었다. 이 결혼으로 안 드 프랑스는 남편의 작위인 보쥬 성을 따서 안 드 보쥬라고도 불리게 되었다.

안 드 보쥬의 남편 피에르 드 보쥬는 아버지 샤를 1세 드 부르봉(Charles Ⅰ, duc de Bourbon)과 어머니 아녜스 드 부르고뉴(Agnès de Bourgogne)의 11명의 자녀들 중 8번째 자녀로 태어났다.

피에르 드 부르봉은 그의 아버지로부터 보쥬 지방의 영지를 물려받았다. 피에르의 큰누이인 이자벨(Isabelle de Bourbon)은 부르고뉴 공작인 샤를(Charles le Téméraire, duc de Bourgogne)의 부인으로 마리 드 부르고뉴를 낳았으며, 피에르의 바로 위 누이인 마르그리프(Marguerite de Bourbon)는 사보아 공작 필립 2세(Philippe Ⅱ, duc de Savoie)와 결혼하여 프랑소와 1세(François Ⅰ, roi de France)의 어머니인 루이즈 드 사보아(Louise de Savoie)를 낳았다.

그리고 피에르는 1488년 큰형 장 2세 드 부르봉(Jean Ⅱ, duc de Bourbon)이 후계자 없이 사망하자 형의 뒤를 이어 명실공히 부르봉 가문의 수장이 되었다.

많은 나이 차이에도 불구하고 피에르와 안은 서로에 대한 깊은 신뢰와 존경으로 일생동안 금슬 좋은 부부로 지냈다. 결혼과 함께 안은 남편의 영지인 보쥬 지방으로 내려가 그곳에 정착했다.

안은 프랑스 궁정보다 남편의 영지에서 지내는 것을 더 좋아했다. 그러나 운명의 여신은 그녀가 초야에 묻혀 지내는 것을 허락하지 않았다.

안이 22살 되던 해인 1483년, 아버지 루이 11세가 사망했고 3달 후 어머니 샤를로뜨 드 사보아도 사망했다. 아버지 루이 11세는 죽기 전 유언으로 나이 어린 왕세자 샤를의 섭정으로 큰딸 안을 지명했다.

평생 그 누구도 믿지 않았던 의심병 환자 루이 11세였지만 그가 일생에 유일하게 인정하고 사랑했던 사람은 장녀 안뿐이었다. 루이 11세는 평소 안을 "프랑스에 거주하는 모든 여인들 중에 가장 현명한 여인"이라며 그녀를 무한 신임했었다.

아버지의 유지를 받들어 안이 남편 피에르와 함께 동생의 섭정을 시작하자마자 그동안 루이 11세의 강압 통치에 불만을 품었던 귀족들이 반란의 움직임을 보이기 시작했다. 반란의 주된 세력들은 부르타뉴 공작 프랑소와 2세(Duc de Bretagne, François Ⅱ)와 오를레앙 공작 루이(Duc d'Orléans, Louis, 1462~1515)였다.

오를레앙 공작 루이는 샤를 5세의 차남인 루이 도를레앙의 손자로 프랑스 왕실의 가장 가까운 친족이며 루이 11세의 사위로 섭정 안의 바로 밑에 동생 잔 드 프랑스(Jeanne de France)의 남편이었다.

오를레앙 공작 루이는 처형 안의 섭정에 강한 불만을 표시하며 자신이 왕국에서 가장 적법한 섭정권자라고 자처했다. 그래서 그는 섭정권을 차지하기 위해 직접 삼부회를 소집해 그들의 의견을 듣고자 했다. 그러나 투르(Tours)에서 열린 삼부회의 투표결과, 삼부회는 안의 섭정권을 인정해 주었다.

프랑스 왕실과 반란세력들과의 전쟁은 피할 수 없는 일이 되었다. 그러나 왕실 군대의 루이 2세 드 라 트레무아유(Louis Ⅱ de La Trémoille,

1460~1525)라는 걸출한 장군 덕에 반란군은 맥없이 항복했고 오를레앙 공작은 투옥 당했다.

그리고 부르타뉴 공작 프랑소와 2세는 베르제 조약으로 샤를 8세가 내건 거부할 수 없는 몇몇 조항들을 받아들여야 했다. 그 조항은 부르타뉴 공작녀가 프랑스 왕의 동의 없이 임의로 결혼할 수 없다는 조항이었다.

갇혀 있던 오를레앙 공작은 귀족들의 도움으로 가까스로 탈출에 성공하여 부르타뉴로 돌아가 다시 한번 반란세력들을 규합해 왕실 군대와 전쟁을 벌였다. 이 제후들 연합의 프랑스 왕실에 대한 반란 전쟁은 흔히 "광기 전쟁" 또는 "미친 전쟁(La Guerre Folle)"이라 불리었다.

앙부아즈 성(Château d'Amboise)의 왕의 침실. 귀족들의 반란 때 안 드 보쥬는 동생 샤를 8세의 침실 앞에서 목숨을 걸고 동생의 왕좌를 지켰다.

그러나 이번에도 반란세력들은 왕실군대에게 무릎을 꿇고 말았고 광기전쟁은 마침내 막을 내렸다(1488년).

그러나 그 후에도 오를레앙 공작은 소규모의 정예부대를 이끌고 앙부아즈(Château d'Amboise) 성으로 가서 샤를 8세를 납치할 계획을 세웠다.

그러나 이번에도 섭정 안은 목숨을 걸고 동생 샤를 8세를 지켰으며 그 결과 왕의 침실 문 앞에서 반란군을 다시 한번 소탕할 수 있었다.

후에 오를레앙 공작은 섭정 안 앞에서 무릎을 꿇고 그의 죄를 사죄했으며 안은 루이를 용서해 주었다.

지붕에서 바라본 앙부아즈 성 전경

안의 섭정기간은 1483년부터 1491년까지 8년여에 걸쳐 이루어졌다. 그 기간 동안 그녀는 남편 피에르 드 보쥬와 함께 귀족들의 반란으로부터 프랑스 왕실의 안녕과 권위를 위해 분투하였다.

섭정 안은 아버지 루이 11세의 기질을 그대로 이어받아 냉정한 상황판단능력의 소유자였으며 여장부다운 카리스마를 지닌 단호한 성격, 그리고 그 뒤에 숨겨진 너그러움으로 실상 친척뻘인 귀족들을 충분히 제압할 능력이 있었다.

1491년 섭정 안은 오스트리아의 막시밀리언 1세와 잉글랜드 왕 헨리 8세의 반대에도 불구하고 부르타뉴의 공작녀 안 드 부르타뉴(Anne, Duchesse de Bretagne)와 동생 샤를 8세의 결혼식을 강행했다.

랑제 성(Château de Langeais). 1491년 12월 랑제 성에서 치러진 샤를 8세와 안 드 부르타뉴의 결혼식 장면. 랑제 성 2층 중앙홀에 밀랍인형으로 전시되어 있다.

사실 샤를 8세에게는 오스트리아의 막시밀리언 1세(Maximilien I d'Autriche)와 마리 드 부르고뉴(Marie de Bourgogne)의 외동딸인 마르그리뜨 도트리슈(Marguerite d'Autriche)가 약혼녀 자격으로 프랑스의 궁에 와 있었다.

마르그리뜨는 섭정 안을 어머니처럼 따르며 프랑스 왕실에 잘 적응하고 있었으나 냉정한 정치세계의 메커니즘에서 마르그리뜨는 희생양이 되어야 했다.

동생 샤를 8세의 결혼식에 증인으로 참석한 안과 피에르 보쥬 부부

부르고뉴를 차지하느냐 부르타뉴를 차지하느냐 하는 와중에 섭정 안은 부르타뉴를 선택했기 때문이다. 그리하여 마르그리뜨는 친정인 부르고뉴로 돌려보내졌고 샤를 8세는 부르타뉴 공작녀인 안 드 부르타뉴와 랑제 성(Château de Langeais)에서 결혼식을 올렸다.

이외에도 섭정 안에게는 이상하리만치 많은 아이들이 맡겨졌다. 그녀는 훗날 프랑소와 1세(François I, roi de France)의 어머니가 되는 루이즈 드 사보아(Louise de Savoie)를 맡아 길렀으며, 앙리 2세(Henri II, roi de France)의 정부가 되는 디안 드 푸아티에(Diane de Poitiers)도 그녀가 양육을 책임졌고 당연히 올케가 될 마르그리뜨 도트리슈도 3살 때부터 그녀가 교육시켰다.

안은 잉글랜드의 리차드 3세에게 쫓겨난 랭카스터 왕가의 마지막 왕비 마르그리뜨 당주(Marguerite d'Anjou)와는 가까운 친척 간이었으므로 당연히 자신에게 도움을 요청한 헨리 튜더를 지원해 잉글랜드로 프랑스 군대를 보내주었다. 그 결과 헨리는 보스워스 전투(Bataille de Bosworth, 1485)에서 잉글랜드의 리차드 3세를 물리치고 헨리 7세(Henri Ⅶ, roi d'Angleterre)로 등극하였다.

1491년 안은 남동생의 섭정자리에서 물러났다. 그리고 그녀는 그해 5월 10일 딸 쉬잔(Suzanne de Bourbon, 1491~1521)을 낳았다. 피에르와 안의 사이에서는 딸 쉬잔이 유일한 자녀였다.

쉬잔은 1503년 아버지 피에르의 사망으로 부르봉 여공작이 되었다. 쉬잔은 사촌인 샤를 3세 드 부르봉(Charles Ⅲ, de Bourbon)과 결혼했으나 29살에 남편보다 먼저 사망했다.

쉬잔 드 부르봉(Suzanne de Bourbon). 안 드 보쥬의 외동딸로 태어나 29살에 어머니보다 먼저 사망했다.

1503년 남편 피에르 보쥬가 사망하자 안은 남편의 영지로 내려가 조용한 여생을 보냈다. 그리고 그녀는 1522년 11월 14일 샹텔(Chantelle)에서

61세의 나이로 사망했다.

그녀는 현재 수비니(Souvigny)의 성 베드로와 성 바울 수도원(Prieuré Saint-Pierre-et-Saint-Paul de Souvigny)의 지하 납골당에 남편, 딸과 함께 잠들어 있다.


안 드 보쥬가 아들을 낳지 못하고 사망했고 그녀의 남동생 샤를 8세도 아들을 얻지 못하고 사망하면서 발로아 왕가의 직계후손은 끊어졌다.

샤를 8세의 뒤를 이어 샤를 6세의 남동생인 루이 도를레앙의 손자 오를레앙 공작 루이가 루이 12세(Louis XII, roi de France)로 즉위하였다.


수비니의 성 베드로와 성 바울 수도원(Prieuré Saint-Pierre-et-Saint-Paul de Souvigny). 수도원 지하 묘지에 안 드 보쥬 부부 그리고 딸 쉬잔이 함께 잠들어 있다.

## 1차 답사 도시

1. 파리(Paris)

2. 생드니(Saint-Denis)

3. 프로방(Provins)

4. 트루아(Troyes)

5. 퐁텐블로(Fontainebleau)

6. 그레 쉬르 루앙(Grez-sur-Loing)

7. 오를레앙(Orléans)

8. 샤르트르(Chartres)

9. 루앙(Rouen)

10. 아미앵(Amiens)

11. 아라스(Arras)

12. 릴(Lille)

13. 라옹(Laon)

14. 랭스(Reims)

15. 수아송(Soissons)

16. 삐에르 퐁(Pierrefonds)

17. 쇼아지 오 박(Choisy-au-Bac)

18. 콩피에뉴(Compiègne)

19. 믈룅(Melun)

20. 보 르 비콩트(Vaux-le-Vicomte)

21. 성스(Sens)

22. 샹티이(Chantilly)

23. 보베(Beauvais)

24. 생 제르맹 엉 레(Saint-Germain-en-Laye)

파리1구 피라미드 광장에 서 있는 잔다르크의 황금기마상 조각가 엠마누엘 프레미에 작(Emmanuel Fremiet, 1824-1910)

퐁텐블로 성(Château de Fontainebleau).
프랑소와 1세가 특별히 이탈리아 장인들에게
궁의 장식을 의뢰한 프랑소와 1세 갤러리 입구

랭스 대성당(Cathédrale de Reims) 정문 왼쪽에 부조되어 있는 이 '웃는 천사'는 다른 성당에는 없는 모델로 자비롭고 여유로운 미소를 머금은 천사의 모습에서 기품마저 엿보인다.

프랑스의 대표적인 초기 고딕성당 중 하나인 라옹 대성당(Cathédrale de Laon) 정문. 왼쪽 부조는 아브라함이 아들 이삭을
하느님께 번제로 드리기 위한 상황이 묘사되어 있다. 이 테마는 샤르트르 대성당 북쪽 문에도 그대로 옮겨져 묘사되어 있다.

성스 대성당(Cathédrale de Sens) 앞 광장. 창
문이 하나뿐인 이 작은집은 독특한 꼴롬바쥬 양
식으로 광장주변 주택들 중 단연 눈길을 끈다.

릴(Lille)의 구시가지 샤를 드골 장군
광장(Place du Général-de-Gaulle)

## 2차 답사 도시

25. 모(Meaux)

26. 성리스(Senlis)

27. 몽디디에(Montdidier)

28. 망뜨 라 졸리(Mantes-la-Jolis)

29. 지조르(Gisors)

30. 에부르(Evroux)

31. 뽀모(Port Mort)

32. 레 장들레(Les-Andelys)

33. 캉(Caen)

34. 팔레즈(Fallaise)

35. 렌느(Rennes)

36. 낭뜨(Nantes)

37. 앙제(Angers)

38. 라 플레슈(La Flêche)

39. 소뮈르(Saumur)

40. 시농(Chinon)

41. 랑제(Langeais)

42. 투르(Tours)

43. 퐁트브로(Fontevraud)

44. 앙부아즈(Amboise)

45. 블로아(Blois)

46. 푸아티에(Poitiers)

47. 앙굴렘(Angoulême)

48. 꼬냑(Cognac)

49. 자르낙(Jarnac)

50. 비질(Vizille)

앙제(Angers) 지방에서 가장 오래된 주택이며 흔히 '아담의 집'이라 불린다. 현재도 주민들이 거주하며 1491년에 건축되었다.

라 플레슈(La Flèche) 지방의 카르므성
(Château de Carmes)의 일부로 현재는
라 플레슈 시청사로 쓰인다. 시청사 앞에 결
혼식 후 신랑신부가 타고 나갈 멋진 웨딩카
가 대기하고 있는 모습

앙부아즈(Amboise)는 루아르 강변에 위치해 있으며 대대로 앙주 백작들이 거주하던 오래된 도시이다.

앙부아즈 성 주변에는 선물가게와 카페, 레스토랑 등이 즐비하며 프랑스 역사에 중요한 사건들이 많이 일어났던 도시이다.

루앙(Rouen)의 부르드룰드 호텔(Hôtel de Bourgtheroulde). 루이 12세 양식과 르네상스 양식이 절충된 건축물로 16세기에 건설되었다.

파리 동쪽에 있는 모(Meau)시청사.
1500년대 이곳은 종교개혁의 중심지였다.

## 3차 답사 도시

51. 낭떼르(Nanterre)

52. 에땅프(Etampes)

53. 그르노블(Grenoble)

54. 샹베리(Chambéry)

55. 리옹(Lyon)

56. 엑스 레 방(Aix-les-Bains)

57. 토리노(Torino)

58. 엑 상 프로방스(Aix-en-Provence)

59. 아비뇽(Avignon)

60. 아를(Arles)

61. 님므(Nîmes)

62. 오랑쥬(Orange)

63. 몽펠리에(Montpellier)

64. 알비(Albi)

65. 뚤루즈(Toulouse)

66. 카르카손(Carcassonne)

67. 니스(Nice)

68. 칸느(Cannes)

69. 그라스(Grasse)

70. 사를라 라 카네다(Sarlar-la-Canéda)

71. 보르도(Bordeaux)

72. 디종(Dijon)

73. 안시(Annecy)

74. 브장송(Besançon)

75. 생테티엔(Saint-Etienne)

76. 낭시(Nancy)

엑상 프로방스(Aix-en-Provence)의
미라보 광장에 서 있는 나폴리와 시실리-
왕 르네 당주(René d'Anjou)의 석상.

프랑스인들이 휴가 때 가장 가보고 싶어하는 여행지 1호인 샤를라-라-카네다(Sarlat-la-Canéda).
이 샤를라-라-카네다는 중세의 모습을 완벽하게 보존하고 있는 마을이며 거위간 요리(Foie Gras)가 최초로 발명된 곳이다.

갈로-로마시대 때 로마인들이 건설한 도시 님므(Nimes). 정면에 보이는 건물은 로마의 사원인 메종 카레(Maison Carrée)이다.

남 프랑스의 대표적인 고대도시 아를
(Arles). 원형 경기장으로 올라가는 입구
에 라파엘로가 바티칸의 서명의 방에 그린
예술의 여신이 복제된 모자이크 벽면이
눈길을 끈다.

# 참고 문헌

1. Joël Schmidt, Sainte Geneviève, Perrin, 1999.

2. Janine Hourcade, Sainte Geneviève hier et aujourd'hui, Mediaspaul Editions, 1998.

3. Martin Heinzelmann, Joseph-Claude Poulin, Les vies anciennes de Sainte Geneviève de Paris. Etudes critiques, 1986.

4. Emmanuel Bourassin, Sainte Geneviève, Editions du Rocher, 1997.

5. Yvan Combeau, Histoire de Paris, Presses Universitaire de France, 2016.

6. Jean-Pierre Soisson, Saint Germain d'Auxerre-Evêque, Editions du Rocher, 2011.

7. Grégoire de Tours, Histoire des Francs, 6세기경.

8. Thierry Crépin-Leblond, Marie Stuart, Le destin français d'une reine d'Ecosse, RMN, 2008.

9. Stefan Zweig, Marie Stuart, 1935, Livre de Poche, 2001.

10. Michel Duchein, Marie Stuart, La femme et le mythe, Paris, Fayard, 1987.

11. Antonia Fraser, Marie Stuart reine de France et d'Ecosse, Laffont, 1973.

12. Jean de Marlès, Marie Stuart, Mame éditeur, 1896.

13. Louis Wiesener, Marie Stuart et le comte de Bothwell, L. Hachette et cie, 1863.

14. Michel Duchein, Histoire de d'Ecosse, Fayard 1998.

15. Michel Duchein, Elisabeth I d'Angleterre Fayard, 1992.

16. Christian Bouyer, La Grande Mademoiselle, Pygmalion, 2004.

17. Simone Bertière, Les Femmes du Roi-Soleil, Ediyions de Fallois, 1998.

18. Jean-Marie Constant, Gaston d'Orléans, Perrin, 2013.

19. Georges Dethan, Gaston d'Orléans, Fayard, 1959.

20. Georges Poisson, La duchesse de Chevreuse, Perrin, 1999.

21. Claude Dulong, Mazarin, Perrin, 1999.

22. André Castelot, L'Histoire insolite, Perrin, 1982.

23. Philippe Delorme, Marie de Médicis, Pygmalion, 1998.

24. Paola Bassani, Marie de Médicis, Somogy, 2003.

25. Maurice Zermatten, Louise de Savoie, 1960.

26. Cédric Michon, Les conseillers de François I, Presses Universitaire, 2011.

27. Michel Germain, Personnages illustres des Savoie, Autre Vue, 2007.

28. Brantôme, La vie de François I, Editions Paleo.

29. Jean Jacquart, François I, Fayard, 1994.

30. Didier Le Fur, François I, Perrin, 2015.

31. Vincent Hazemann, Louise de Savoie, L'Harmattan, 2013.

32. Aubrée David-Chapy, Anne de France, Classiques Garnier, 2016.

33. Nicole Toussaint Du Wast, Marguerite de Navarre, Editions M. Fourny, 1976.

34. Marie Cérati, Marguerite de Navarre, Sorbier, 1981.

35. Jean-Luc Déjean, Marguerite de Navarre, Fayard, 1987.

36. Pierre Jourda, Marguerite d'Angoulême, 1930.

37. Louise de Broglie, comtesse d'Haussonville, Marguerite de Valois, 1870.

38. Mary Duclaux, La Reine de Navarre, Marguerite d'Angoulême, 1900.

39. Albert de Circourt, Le duc Louis d'Orléans, Librairie de Victor Palmé, 1887.

40. Eugène Jarry, La vie politique de Louis de France, 1889.

41. Michael Nordberg, Les ducs et la royauté, Norstedts, 1964.

42. Bernard Guenée, Un meurtre, une société, Gallimard, 1992.

43. Thierry Crépin-Leblond, Louis d'Orléans et Valentine Visconti, Petit Journal, 2004.

44. Françoise Autrand, Charles VI, Fayard, 1986.

45. Jean Favier, La guerre de Cent Ans, Fayard, 1980.

46. Bernard Guenée, La folie de Charles VI, Perrin, 2004.

47. Marie-Véronique Clin, Isabeau de Bavière, Perrin, 1999.

48. Marcel Thibault, Isabeau de Bavière, reine de France, Perrin, 1903.

49. Jean Verdon, Isabeau de Bavière, Tallandier, 1981.

50. Gert Pinkernell, François Villon et Charles d'Orléans, Heidelberg, 1992.

51. Jean Cluzel, Anne de France, Fayard, 2005.

52. Jean Lebrun, Louis XI, La Marche de Histoire, 2011.

53. Jacques Heers, Louis XI, Perrin, 2001.

54. Jean Favier, Louis XI, Fayard, 2012.

55. Didier Le Fur, Anne de Bretagne, Guénégaud, 2000.

56. Geaoges Minois, Anne de Bretagne, Fayard, 1999.

57. Georges Minois, Nouvelle Histoire de la Bretagne, Fayard, 1992.

58. Ruth Kleinman, Anne d'Autriche, Fayard, 1993.

59. Michel Duchein, Le duc de Buckingham, Fayard, 2001.

60. Jean-Christian Petitfils, Louis XIV, Perrin, 1995.

61. Claude Dulong, Anne d'Autriche, Hachette, 1980.

62. André Castelot, L'Histoire insolite, Perrin, 1982.

63. Hélène Delalex, Alexandre Maral, Louis XIV, Gallimard, 2015.

64. Lucien Bély, Les amours de Louis XIV, 2012.

65. Yves-Marie Bercé, Louis XIV, Cavalier Bleu, 2005.

66. Vincent Cronin, Louis XIV, Perrin, 1967.

67. Grégoire de Tours, 6세기경.

68. Michèle Laforest, Clovis, un roi de légende, Albin Michel, 1996.

69. Michel Rouche, Clovis, Fayard, 2013.

70. Jean Baptiste H. Monteil, Sainte Clotilde-Reine de France, Nabu Presse, 2012.

71. 프랑스사, 앙드레 모로아, 범우사, 1998.

72. 영국사 산책, 찰스 디킨스, 옥당, 2014.

73. 재미있는 파리 역사 산책, 김복래 지음, 북폴리오, 2004.

74. 프랑스의 역사, 다니엘 리비에르 지음, 까치글방, 2006.

75. 여자의 삶, 쥘 미슐레 지음, 정진국 번역, 글항아리, 2009.

76. 중세 프랑스의 귀족과 기사도, 콘스탄스 브리텐 부셔, 신서원, 2005.

77. 중세의 가을, 요한 하위징아, 연암서가, 2012.

78. Le Livre Rois de France, Jean-Philippe Guinle, Bordas, 1968.

〈참고 사이트〉

불어판 위키백과

https://fr.m.wikipedia.org/wiki/Reines_de_France_et_Femmes_illustres

〈사진 출처〉

수록된 사진 대부분은 현장 답사해서 촬영했으며

발췌된 사진 일부는 노력에도 불구하고

저작권자를 확인하지 못하고 출간하였습니다.

확인되는 대로 최선을 다해 협의하도록 하겠습니다.

퍼블릭 도메인은 따로 표기하지 않았습니다.

Remerciements à

Mme. Anne-Marie Caron
pour la permission de prendre
des photos des salles fermées au public
de l'église Saint-Pierre de Montdidier,

et aussi à

M. Pascal Guiberat
pour ses aides à entrer
à l'intérieur de
l'église Sainte-Radegonde de Poitiers.